「感動体験」で外食を変える

丸亀製麺を成功させたトリドールの挑戦

粟田貴也
トリドールHD代表取締役社長

宣伝会議

はじめに

暖簾をくぐると、目の前には積み上げられた小麦粉の山、製麺する職人の姿と麺を切る音、湯気がもくもくと立ちこめる茹で釜。釜で茹でられるうどんは、国産小麦を使用した打ち立てもちもちの麺です。鼻をくすぐるのは、小麦粉の香りと毎日引いているだしの香り。足を進めると、ずらりと並ぶ揚げたての天ぷらと活気のある店員たち。まるで製麺所にいるかのような五感に訴える臨場感のある光景が、全国の「丸亀製麺」で見られます。

私は丸亀製麺などの飲食ブランドを展開する、トリドールホールディングス代表取締役社長の粟田貴也と申します。

丸亀製麺は、私が香川県の製麺所で感じた感動を全国の皆様にも体験していただけるように、と考えて開発したブランドです。すべての店で、塩・水・小麦粉から職人たちがうどんを作り、できたてのうどんを食べる体験と、自分でサイドメニューを取ったり薬味を盛りつけたりするセルフうどんの楽しさをかけ合わせた業態で、現在日本全国に約８５０の店舗があります。２０２２年にはホテルや航空会社なども含めた顧客体験価値（ＣＸ）

ランキング（C Space Tokyo調べ）で1位をいただくなど、たくさんのお客様にご支持いただいています。

トリドールでは、丸亀製麺の他にコナズ珈琲や肉のヤマ牛など、国内で11ブランドを展開しています。２０１１年にはハワイに丸亀製麺の海外ブランド「Marugame Udon」を出店。２０１５年からはM＆Aでさまざまな業態をトリドールグループに迎え入れ、現在、約20の飲食ブランドを世界28の国と地域に１９７９店舗（２０２４年6月現在）展開しています。

東証プライム上場、年間売上収益約２３００億円超の大企業になったトリドールホールディングスのはじまりは、兵庫県・加古川にオープンした小さな焼き鳥屋でした。「将来的に3店舗出したい」という願いを込めて、1号店なのに店名は「トリドール３番館」。創業当初の「トリドール３番館」（現在の『やきとり屋 とりどーる』）には閑古鳥が鳴いており、３店舗どころか1店舗を続けていけるかどうかもわからないような有様でした。この苦労が忘れられず、私には今でも「焼き鳥屋のおやじ」のマインドが染み付いています。

1号店の店名からもわかるように、私は昔から、その時点では大言壮語と思われる大きな目標を口にしてきました。家族経営をしていた時代に「上場する」という目標を立て、丸亀製麺が国内200店舗くらいの時には「1000店舗出したい」と周りに言っていました。今は、世界で約4000店舗を超えるグローバルフードカンパニーを目指しています。「飽くなき成長」が私のモットーです。町の一番になれたら、その地域の一番に。そして日本一、次は世界一とステージが上がるたび、次の目標が見えてきます。

小さな焼き鳥屋から創業したトリドールがここまで大きくなれたのは、2つの理由があると考えています。一つは「感動」という体験価値を中心に据え、チェーン化してもその根幹を変えなかったこと。丸亀製麺は1号店の開業から今にいたるまで、必ず店舗で製麺し、打ち立て・茹でたてを提供しています。非効率と言われようとも、セントラルキッチン方式は採用せず、つくりおきもしません。それは、打ったばかりのうどんをその場で茹でて食べる製麺所の感動こそが、丸亀製麺の強みだと考えているからです。海外展開においても体験価値を重要視する方針を貫いており、M&Aしたのもすべてお客様の目の前で調理をしたり、選ぶ楽しさがあったりする業態です。

もう一つのポイントは、「人」です。人を感動させられるのは人に他ならない、と私は思っています。丸亀製麺では調理も接客も自動化しません。人がつくり、人が提供する。

時には、揚げたてを食べていただくために、お客様のオーダーを受けてから天ぷらを揚げることもあります。スタッフとの何気ない会話も、体験価値の一つです。

トリドールは人こそが最も大事な強みの源泉だと認識しています。とはいえ、少子化の進む日本において、これから人手不足が深刻化することは明白です。ただでさえ、飲食業界は慢性的に人手不足に悩まされており、特にチェーン店では配膳ロボットやセルフレジの導入などの省人化が猛スピードで進んでいます。

しかし、トリドールはその反対を行こうとしています。各店舗に手厚くスタッフを配置して、長期に渡って働く社員・パートナースタッフを増やし、その地域で長く愛される店を一緒につくっていきたい。

そのため、2024年からは「働く人の幸せ」を主軸においた経営改革に全社を上げて取り組んでいます。待遇・環境改善を進めるのはもちろん、ソフトとハードの両面から約4万人の従業員が生き生きとやりがいを持って働けるさまざまな施策を打っていきます。「働く人の幸せ」が感動をつくり、結果的に利益につながる。そう考えを切り替えることで、今までは売上目標に追われていた店長の仕事も大きく変わるでしょう。数字よりも従業員のサポートやコミュニケーションを重視し、店長自身もゆとりを持って働ける環境をつくっていくことになるからです。

目指しているのは、店や職場を働く人にとってかけがえのない居場所にしていくこと。そうすれば、飲食業界では難しかった「人が辞めない職場」を実現できるかもしれません。この改革の詳しい内容は第4章で紹介します。


本書は、成功した起業家の自伝、なんてものではありません。トリドールはまだまだ成長途中であり、人に関する施策をはじめとして試行錯誤をしているところです。毎年のように新しいことを始め、失敗と成功を繰り返しています。

それでも、小さな成功体験を積み重ねていけば、世界で戦える会社になれるのです。外食産業という可能性に満ちた領域で挑戦している、こんな会社があることを知ってほしいと思い、筆を執りました。本書を通じて、外食産業のダイナミズムやおもしろさを伝えられれば幸いです。

「感動体験」で外食を変える　目次

第3章

非効率でも体験価値にこだわる理由
キーワードは「二律両立」

第4章 「人」こそすべての源泉 87

第7章

社長はキャスティング業　目指すは「増殖する組織」

第1章

外食産業には夢がある

1

26兆円の外食産業市場で大きな夢を追いかける

約26兆円。これは、2019年の日本の外食産業の市場規模です。2020年に新型コロナウイルス感染拡大の影響で市場が大きく縮小したものの、2022年からは持ち直し傾向にあり、日本フードサービス協会会員社の外食産業市場動向調査によると、2023年には2019年比で売上が107・7%まで回復しています。情報通信や不動産などに比べれば小規模かもしれませんが、3%のシェアが取れれば7800億円、5%取れれば1・3兆円です。これは十分挑戦し甲斐のある大きな市場だと思います。

外食産業市場の特徴は、寡占が進んでいないこと。個人経営が市場全体の約4分の3を占めているのです。また、外食を専業とする年商1千億円超の約10社の売上を束ねても、総売上高の占有率は10%弱。上場している外食企業は約100社あり、それらを合計した市場占有率も約30%です。日本には上位5社まででマーケットシェアの80%以上を占める、

国内外食産業市場規模推計の推移

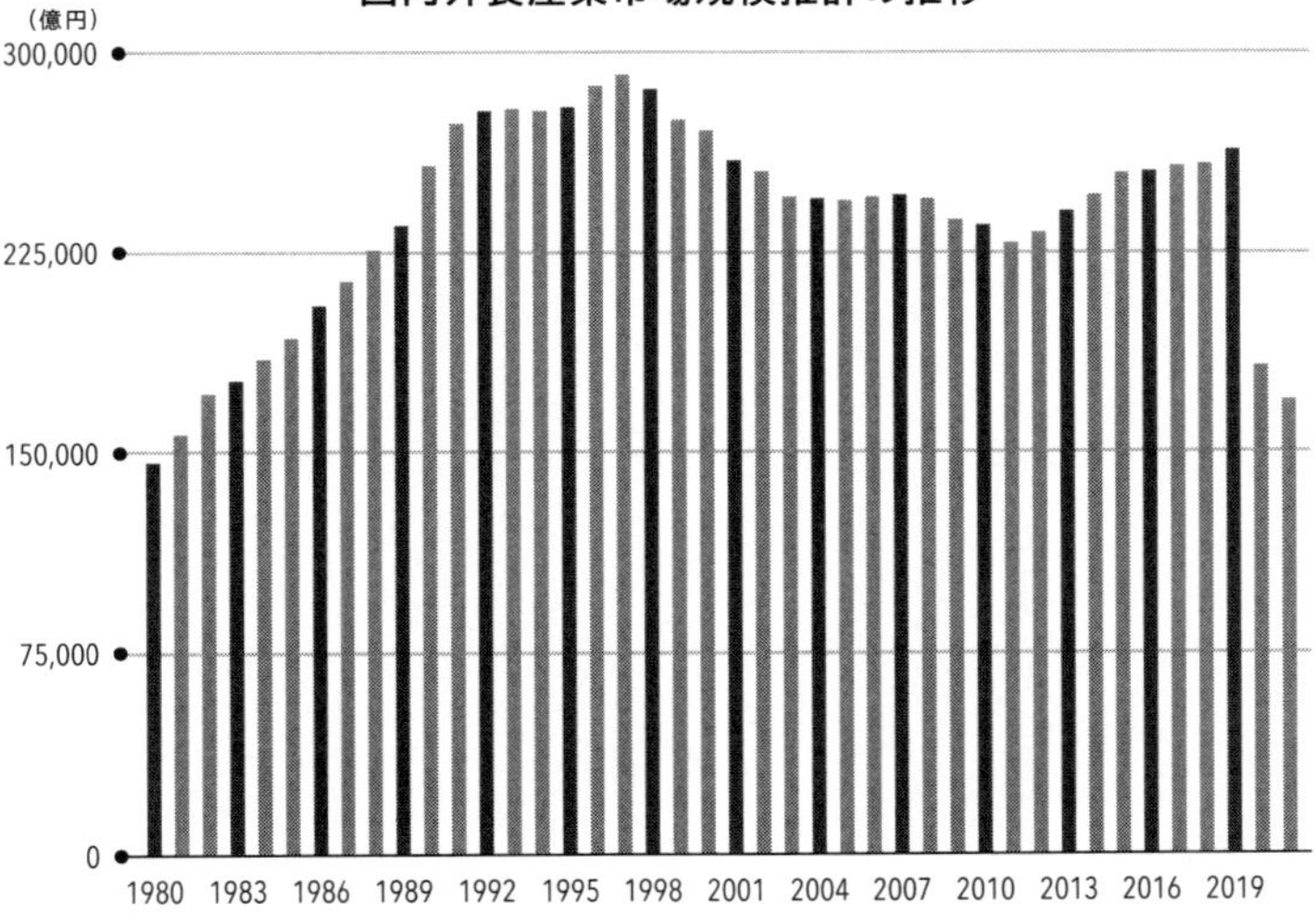

(一般社団法人日本フードサービス協会調べ)

といった業界がいくつもあります。それに比べると外食産業は流動的なマーケットが大きく、新規参入でもシェアをとる余地があると言えるでしょう。

新陳代謝が激しく、新規の参入が多いところも特徴です。かくいう私も、経営については何も知らず、焼き鳥が焼けるというだけで店を開いたド素人参入でした。毎年新しい個人店がオープンし、その中から一定の割合で繁盛店が出てくるため、上位企業の寡占化が進まないのです。

私が39年前に「トリドール3番館」を開業した時は、今よりも、外食産業の社会的地位が低かったように思います。今でも外食産業はそこまで可能性がある市場だと思われていないのではないでしょうか。しかし、私が「飽くなき成長」をモットーに事業拡大できるのも、26兆円の市場規模があるからです。やればやるだけ店舗数、そして売上を伸ばすことができる。複数の業態を展開すれば、そのスピードはさらに上がります。

さらに海外に飛び出してみると、そこには信じられないほど巨大な市場がありました。アメリカの外食産業市場は約70兆円、中国の外食産業市場は約80兆円です（ユーロモニターデータベースを基にトリドール推計の２０１９年市場規模）。そして、飲食サービスはグローバルに展開できる可能性の高い業種です。特に日本の飲食ブランドは大きなポテンシャルを秘めています。世界的に健康志向が高まるなか、日本食への注目も高まっているからです。

これだけダイナミックに展開できる領域は他にないと私は思っています。外食産業に出会っていなければ、こんなに大きな会社をつくれなかったでしょう。ぜひ多くの起業家に外食産業を目指してほしい。

そもそも、飲食店の運営は「ごちそうさま」と感謝され、代金もいただけるという稀有な商売です。私は早くに父を亡くし、高校生の頃から工場の作業員や警備員のアルバイトをしていました。知り合いから紹介してもらったこれらのアルバイトは、1回毎に現場が違い、わけもわからず指示されたことをやったり、決められた場所に立っていたりするだけ。勤務中は時間が早く過ぎることを願うばかりで、仕事とは苦痛な時間と引き換えに金銭をもらう行為なのだ、という少しひねくれた考え方をしていました。

大学生になって喫茶店で働きはじめ、その考えは一変しました。ここでは、コーヒーの淹れ方を学んだり、お客様とお話ししたりすることで店の売上に貢献できるのです。自分が行動することで結果を変えられる。言われたままのことをやっていた時とは違い、自己効力感が得られ、仕事が楽しくて仕方なくなりました。初めて働くことに意義を見出せたのが、飲食店の仕事だったのです。

「接客が楽しいのであれば、他の小売業でも良いのでは」と思われるかもしれません。私が飲食店の良さだと感じているのは、発注、調理、提供、そしてお客様に喜んでいただくという一連のサイクルが短いところです。さすがに野菜をつくったり、魚を獲ったりするところからはできませんが、それ以外の作業がほぼ一人で完結する点にもやりがいを感じたのです。

さらに飲食店では目の前にお客様がいて、自分が作ったものを食べていただける。反応がリアルタイムで返ってきます。日々の営業や生活の中の気づきが、事業の成長に直結するのです。究極のto C（対消費者）の事業が飲食店運営ではないでしょうか。こんなにおもしろいビジネスは他にありません。

2 なぜ外食市場の成長は止まってしまったのか

ここで少し外食産業の歴史を遡ってみます。私は1961年生まれで、子どもの頃は身近に外食する店、特にチェーン店はなかったと記憶しています。当時の外食産業の市場規模は5兆円ほどだったようです。食品の購入も八百屋や魚屋といった個人店がメインでしたが、この後スーパーマーケットが台頭してきます。チェーンストア理論が脚光を浴び、近代化が進んだ時代でもありました。

1970年、日本におけるファミリーレストランの先駆けである「すかいらーく」の1号店がオープンします。ファミリーレストランは最先端の業態として、大行列ができていました。私の世代には、ファミリーレストランでナイフとフォークの使い方を覚えた、という方も多いのではないでしょうか。

「マクドナルド」の日本第1号店ができたのは１９７１年です。ここから１９８０年まで外食産業は急成長期にあり、毎年10％近い対前年伸び率を維持していました。

１９８１年の外食産業市場規模は15兆６８００億円。80年代も毎年平均６％の対前年伸び率を維持。市場は拡大し続け、「マクドナルド」や「ロッテリア」、「ケンタッキーフライドチキン」などのファストフード、「すかいらーく」や「デニーズ」といったファミリーレストランが売上の上位を占めていました。それでも上位１００社の市場占有率は10％ほどで、個人店も大手企業と同じように伸びていたと考えられます。

外食産業は１９９７年にピークを迎え、市場規模は29兆円に達します。そこから業界全体の伸び率はゆるやかに減少し、２００３年からはほぼ横ばいとなりました。

コンビニエンスストアなど購買チャンネルの増加は外食市場がシュリンクしている大きな要因でしょう。ただ、私は消費者のニーズが多様化し、消費者が求めるものと飲食店が提供しているものの間にギャップが出てきたことも、市場が縮小した一つの理由だと考えています。

例えば、高度経済成長期のファミリーレストランは、憧れの存在だった洋食メニューを多く揃え、店の造りも含めて外国で食事をするような体験を提供していました。それが大人気となり、いくつものファミリーレストランチェーンが生まれたのです。しかし、ファミリーレストランは今、行列ができるような人気の業態ではありません。消費者のライフスタイルが変化し、昔は特別だった洋食も、今は日常になっています。

今でもファミリーレストランを好む方はいるけれど、「子連れや若者だけでも入りやすいから行く」「長時間の作業や勉強をする場として行く」など、当初とは違う目的を持っているユーザーが多いのではないかと思います。そうなると競合はカフェ業態になり、価格競争に巻き込まれてしまう。

今消費者が何を求めているのかインサイトをうまく捉え、それを業態に落とし込めなければ、外食産業はさらに縮小していってしまうのではないかと危惧しています。

3 外食は「最も身近なレジャー」

とはいえ、日本の外食産業市場はいまだ巨大です。国内市場で十分大きな売上が立つため、これまで日本の飲食サービス企業が海外に出ていく機運はなかなか高まらなかったのだと思います。外食産業の評価が、世界的な日本ブランドを数多く抱える自動車産業や電子機器産業に比べて低くとどまっているのは、グローバルに展開する企業が少なかったことも要因なのだろうと考えています。

トリドールは海外で事業を拡大し、グローバルフードカンパニーになろうとしています。比較的低価格で高クオリティな日本の外食は、海外から見ても魅力の高いものであり、十分に競争力があると考えているからです。もちろん、価格競争に陥って低価格であり続けるのは理想的な状況ではないとわかっていますが。

現在の売上高は国内と海外で２：１ですが、数年のうちに海外のほうが増えていくと考えています。海外には今後10年で市場が20％から50％ほど成長すると予測されている地域もあります。日本のかつての１９７０年代くらいの状況の国がいくつもあるわけです。現在日本で当たり前となっているナショナルチェーンが次々に誕生した時代です。今進出すれば、我々がそういった飲食ブランドになれるかもしれないのです。手をこまねいている場合ではありません。

現在トリドールはホールディングス体制をとっており、丸亀製麺をはじめとした各ブランドは子会社として運営しています。このブランドが世界に羽ばたいていき、世界のさまざまな国と地域に店を構えるグローバルブランドになっていく。そうすると、子会社の社長はグローバル企業の社長になるわけです。自分が考えた業態が、世界中に広がっていくかもしれない。そう考えただけでワクワクしますよね。

外食先進国であるアメリカでも、外食産業の市場はまだ伸びています。特に成長の可能性があるのが、ファストフードより少し価格帯が上の「ファストカジュアル」という業態です。ファストカジュアルは居心地のいいダイニング環境とこだわりのメニューを提供することで、アメリカの若者を中心に支持されています。自分でカスタマイズする選択肢があり、目の前で調理してくれる業態が多いのもファストカジュアルの特徴です。

アメリカで数々のレストランやファストカジュアルの店を視察して思ったのは、アメリカの飲食店はどこかエンターテインメント性を有しているということ。それは、日本の外食にも必要なことだと思っています。日本の飲食店は、効率化と画一化が進んでいて、スムーズなサービスが受けられる反面、少し面白みに欠けるところも多い。

私は、外食は楽しくあるべきだと考えています。だから、社員には常々「外食は最も身近なレジャーなのだ」と伝えています。私達が提供しているのは、非日常の楽しさなのだ、と。

丸亀製麺はファストフードに区分される業態かもしれません。でも、手づくり・できたてを提供することでファストカジュアルのような体験をしてもらいたい。どんなにたくさんのお客様がいらっしゃっても、効率的にさばくだけの営業はしたくないのです。

4 飲食サービス業の経営者として見てきた居酒屋の変遷

私は外食産業で夢を持てば大きなことをなし得ると伝えていきたい。ビジネス的にも、外食事業は特に商売の醍醐味があっておもしろいと考えています。アイデア一つで、これまでにない業態を生み出したり、既存店の売上を倍増させたりすることができるからです。自分がお客様側になる機会が多いのも、外食産業の特徴です。近年、トリドールでは国内の業態をM&Aでグループ化しています。その一つが立ち呑みの「晩杯屋」です。この買収は、私自身が晩杯屋の客として通っていたところからスタートしています。

トリドールは焼き鳥屋から始まった会社ですから、私は居酒屋という業態に思い入れがあり、その変遷を興味深く見つめてきました。

お酒と食べ物を出す気軽な店としての居酒屋は、そう呼ばれる以前から個人店として存在していたでしょう。1960年代には、日本で初めての居酒屋チェーン「養老乃瀧」がフランチャイズ第1号店を出します。その次に出てきたのが「村さ来」。さまざまな種類の酎ハイをメニューに揃え、1980年代には酎ハイブームが起きました。1978年には「つぼ八」がフランチャイズチェーン展開を開始し、これらの店が居酒屋を中高年男性だけでなく若者や女性も楽しめる場にしていきました。

同時期に台頭してきたのが「天狗」です。「天狗」の創業者はイギリスのパブやドイツのビヤホールを参考にした洋風の店をオープンし、それが元となって焼酎、ビール、ワイン、ウイスキーなど幅広いお酒と和洋折衷の料理を提供する、今日のチェーン居酒屋の原型ができあがっていったのです。私の世代だと「天狗」といえばサイコロステーキが思い浮かぶ人が多いと思います。こうした名物料理があるのも、人気のある居酒屋チェーンの特徴です。

その後「和民」「土間土間」「甘太郎」「白木屋」「魚民」「笑笑」などさまざまな居酒屋チェーンが登場し、1990年代後半からは「鳥貴族」の勢いが増してきます。

こうした流れの中で、人々のライフスタイルも大きく変わってきました。昔は集団行動が主流でした。「人と一緒」が安心だったし、心地よかったのです。旅行は団体ツアーが人気で、80年代のディスコは皆同じステップで踊っていたものです。今の若者が行くクラブは、そんな雰囲気ではないですよね。

人々の飲酒スタイルも変化し、もっと言えば娯楽の種類も増えて「お酒だけが唯一の楽しみ」という人も減っていったのです。90年代には日本でもインターネットが普及し、ますます「個人の時代」になってきた。自分が若い頃はリアルで人と会うことでしか、おしゃべりもできなかったし、情報も得られなかったんです。インターネットによって、一人でいても遠くの人とやりとりできて、検索で情報が得られるようになりました。これは、人の生活や考え方を大きく変えたと私は思っています。

5 立ち呑み屋が高齢者のサードプレイスになるかもしれない

そんな折、2002年に登場した「日高屋」は中華業態でありながら、餃子などをつまみにビールを飲む「ちょい飲み」利用ができるお店でした。一人でふらっと日高屋に入って、餃子とビールで1杯やる。そして、締めにラーメンを食べて帰る。そうした一人客のニーズに合致していたわけです。私は、ここで居酒屋業界の潮目が変わるのを感じていました。

そしてその少し前、1990年代半ばに出てきたのが、ビールより安い発泡酒です。これによって「家飲み」や「駅飲み」をする人が増えた。コンビニで発泡酒とおつまみを買って帰れば、居酒屋に行くよりもはるかに安く、手軽にお酒が飲めるようになったのです。

こうした変化の中、私は従来の大箱の居酒屋は消えていくのではないかと考えていました。でも、私自身は居酒屋の雰囲気が好きですし、家飲みだけというのも味気ない。居酒屋をなくしたくない、と考えていた時に出会ったのが、武蔵小山にある立ち呑み屋・晩杯屋でした。

初めて行った時は、１００円台のおつまみが充実していて、刺し身の品質が高いことに驚きました。単価が安いのに、揚げ物などは注文してから揚げたてを出してくれて、それがおいしいのです。

私がヘビーユーザーとして通っていた頃に頼んでいた定番メニューは、チュウハイと煮込み。チュウハイはジョッキで２５０円で、煮込みは１１０円でした。お酒とおつまみで３６０円しかしない。「せんべろ」を名乗るのにふさわしく、１０００円あれば十分楽しめる店だったのです。

晩杯屋がお客様に評価されている理由のひとつは、利用シーンの多彩さです。居酒屋でいったん席に座り、ものの30分で退店したら店員に「何か不満なことがあったのだろうか」と思われてしまいますよね。それなりにお金を使わないと悪い気もする。でも、晩杯屋はそんなことはありません。だから、乗りたい電車まで少し時間がある時などの隙間時間にも行くことができます。仕事帰りのストレス解消にも、飲み会前の０次会にも、少し飲み足りなかった時のもう1軒としても最適。また、メニューが豊富なので長時間の滞在にも向いています。単価が安いので、長居しても懐に響きません。一人ではもちろん、数人で行っても楽しい。

これからの居酒屋はこうあるべきではないか。もしこれから自分で居酒屋業態をやるとしたら、こんな店にしたい。一人の利用者として通いながらそうした思いを募らせていたところ、晩杯屋が日本M＆Aセンターに登録しているという話を聞いたのです。「渡りに船だ」と思い、買収を申し入れました。

晩杯屋は、すべての駅前に存在するような外食のインフラブランドとなるポテンシャルを秘めています。私は、晩杯屋がこれからの超高齢社会に向けて、「高齢者のサードプレイス」にもなり得ると思っているんです。

近年では、想定外のニーズも生まれています。晩杯屋の既存店で一番売上が高いのは、新宿思い出横丁店です。この店はインバウンド需要が高く、外国からのお客様が多いのが特徴です。「昭和レトロ」な店構えや立ち呑み屋という業態が、日本らしいと受けとめられているようです。

晩杯屋は現在約50店舗ですが、時代のニーズにガチッとはまれば、爆発的に店舗数を増やせるはず。こうした業態も成長させて、さらなる拡大をはかっていきたいと考えています。

このように、自分が利用者として感じていたことや「もっとこうしたらヒットするのではないか」とひらめいたアイデアが、そのままビジネスに直結するのが外食産業です。私はこのビジネス領域以外だったら、自分の出番はなかったのではないか、と思っています。上場企業をつくることもなかったでしょう。商店街を歩くだけでも、「あの行列はなんだろう」「今、人はどんなものを求めているんだろう」と考えて、事業のヒントが得られるんです。

6 自分の体験をヒントに新しい業態をつくるおもしろさ

「どうしたらお客様に来てもらえるだろう」と考え続けていると、どんなものでもヒントになり得ます。後で詳しく説明しますが、丸亀製麺が生まれるきっかけになった、香川県の製麺所での体験もそうです。これまでに製麺所の行列を見て、打ち立てのうどんを食べる体験に感動し、「おいしい」「また行きたい」と思った人は何万人もいるでしょう。しかし、これをセルフうどんの業態と組み合わせ、多店舗展開することをイメージできたのは、私だけだったのかもしれません。

セルフうどんの良さは、さまざまなＴＰＯにフィットしていることです。昼食にも夕食にもいいし、一人でも家族でも楽しめます。かけうどんやぶっかけうどんの並なら軽食のように食べることができ、丼ものをつけたり、天ぷらをいくつもとったりすればボリュームも出る。自分で食事の構成を組み立てることができるのです。統計的にはかけうどんが一番売れています。天ぷらとの相性がいいからでしょう。また、夏の暑さで食欲がなくても冷たいうどんなら食べられる、という場合もありますし、冬の寒い時期には温かいうどんが好まれます。春夏秋冬、いつでも食べたくなるのがうどんです。大衆性と普遍性を兼ね備えた業態が、セルフうどんだと考えています。

おかげさまで、２０２３年は丸亀製麺の既存店の売上収益が過去最高となりました。それも、自分が利用者であったらという感覚から生まれる店舗づくりと丸亀製麺としての強みである感動体験が、お客様を惹きつけているからだと考えています。

流行だけを追いかけていても表面上の需要しかつかまえられません。お客様が本当は何を求めているのか、それを先読みできると、まだ眠っている需要を掘り起こせるのです。たゆまず考え続けることで、丸亀製麺も潜在顧客を掘り起こせるし、他の業態で大ヒットを飛ばすこともできるはず。外食産業は、やりようによって全く景色を変えられる、夢がある産業だと思います。

第2章

夢を現実にしてきた道のり

1 「3軒出す」と決めて「トリドール3番館」と名付けた

「どうしたらお客様が来てくれんねん……」。トリドールグループとして1900店以上の店を展開し、国内のグループ業態だけで月に約1400万人（月によって変動あり）のお客様が来店してくれるようになった今でも、私は1号店の焼き鳥屋に一人で立ち、ひたすらお客様を待っていた時期の夢をみることがあります。待てど暮らせど店の扉が開くことはなく、やがて絶望して目が覚める。私の商売の原点はここにあるのです。いかにして、お客様に来ていただくか。この問いが、業態開発、店づくり、メニュー開発、人材育成、すべてに通底しています。

第1章で、喫茶店で働いた経験から飲食業の素晴らしさに目覚めた、という話をしました。ここではその続きから話をスタートしましょう。ちょうどその頃、年の離れた先輩が小さなお店を出したのです。私は当時19歳くらい。そのお店の手伝いに行った時に、先輩が格好良く見えて「独立して自分の店を持つ」という夢を抱きました。

店を出すには、開店資金をつくらなければいけない。そう考えて、新聞の求人欄で一番給料が高い仕事を探しました。そして、住み込みの宅配ドライバーの仕事を見つけました。長時間働くことになるけれど、まとまったお金が入ってくる。これに賭ける、と決めて大学を辞めました。

深夜まで働き、遊ぶ時間はほとんどありません。自分のベッドも決まっていないような雑多な寮で、仕事から帰ってきたら我先にと眠るだけの生活。お金はどんどん貯まっていきました。

そんな生活の中で、唯一の楽しみは、夜中に来る屋台ならぬ軽トラックの赤提灯でした。当時はあまりお酒が飲めなかったのですが、焼き鳥などの温かい料理を食べながらお店の人と話す時間にすごく癒やされました。ほんの20分でも、車が来たら必ず行くようにしていました。そうして、喫茶店もいいけれど、アルコールを提供するお店でお客様をもてなすのもいいな、と考えるようになったのです。

1年で約400万円ほど貯めて、和食レストランを経営する会社の「独立コース」に入りました。ここで、焼き鳥の焼き方などを学んだのです。「独立コース」と言っても、店の経営などについて教えてもらえるわけではありませんでしたが、定期的に開かれる読書会で商売に関する心構えなどを身につけました。働く人のスキルアップに投資する意識のある会社だったのを覚えています。

創業店「トリドール3番館」の看板

焼き鳥が焼けるようになり、店の運営もある程度できるようになったところで、いよいよ自分の店を持つ準備を始めました。銀行からは融資してもらえなかったため、保証協会のサポートを得て、信用金庫から300万円ほど借りました。そして、元金800万弱で開業に踏み切ったのです。1985年8月24日のことでした。

場所は地元の兵庫県・加古川。カウンター席が10席だけの炭火焼き鳥居酒屋です。本当に小さく慎ましやかでしたが、自分にとっては誇らしく、思い入れ深い店。そこで、こんな店を3軒持ちたいと「トリドール3番館」と命名したのです。自分で店名を書いたこの時の看板は今でも本社に飾ってあります。

実は、1軒目をオープンする2週間前に結婚しました。妻は仕事を辞めて、一緒に店をやると言ってくれたのです。昨年、同級生が「そういえばお前の結婚式の案内状、持ってるで」と言って見せてくれ、そこには結婚式の案内と「8月24日にささやかながら店をオープンします」ということが書いてありました。約40年前の案内状をよく持っていてくれたものだと感心し、同時に当時のことを思い出して胸が熱くなりました。あの時は、夢だった自分の店が持てて、本当にうれしかったのです。しかし、ここからが本当の苦労の始まりでした。

2 客が来ない絶望を乗り越え、工夫を重ねて繁盛店に

お客様が来ないのです。お店を開けばお客様が来るものだと思っていたら、そんなことはなかった。開店してしばらくは、1日に数名来ればいい方で、一人も来ない日もよくあ

りました。この時の恐怖は、いまだに脳裏に焼き付いています。トラウマといってもいいほどです。どうしたらお客様が来てくれるのか、それだけを考えてやきもきする日々でした。

そんな創業期に来てくれたのは、大体が同級生でした。担任の先生や、校長先生、教頭先生も来てくれました。私は中学、高校と生徒会長をしていて、学校とのつながりが深かったのです。どうして生徒会長をしていたのかというと、単に選挙に強かった。成績優秀だとかカリスマ性があるとか、そんな話ではありません。選挙に勝つコツを知っていたのです。それは、選挙演説の最初の1分で、笑いを取ること。体育館にドッと笑いが起これば、もうこちらの勝ちです。そうして、中学、高校と選挙戦を勝ち抜いてきたわけです。

同級生は、他にお客様がいないときに限って店に現れ、「あれ？　あんまり静かなんでやってないかと思ったわ」などとよく冷やかしてきました。今だったら「やかましいわ」と笑いに変えられますが、その時は笑う余裕もなく「まあね」などと言って気まずさをごまかしていました。冷やかされるのは嫌だ。でも、一人でもお客様に来てほしい。とても複雑な心境でした。今振り返ると、同級生や先生が来てくれたからこそ、創業初期に食いつなげた面もあり、感謝しています。

そんな中、店が終わった後、お客様に連れられて深夜営業のラーメン屋に行きました。その店は、自分の店とは比べ物にならないくらい繁盛している。「なぜこんなに？」と驚いたものの、よく考えればその地域には他に深夜営業の店がなかったのです。だから、1軒だけ開いているラーメン屋に人が集中する。当然のことだったのですが、当時はそんなことにもすぐ気づけないくらい、自分の店がガラガラなことに心がやられていました。

気を取り直してその翌日から、自分の店でも午前2時までの営業を始めることにしました。最初は手応えがなかったのですが、遅くまで開いていることが口コミで広がり、少しずつお客様が増えてきました。17時にオープンしてからしばらく暇で、午前0時から混みだす。そんな店のサイクルができてきました。

お客様は2軒目、3軒目に飲みに来てくれているので、全員酔っ払い。賑やかでうるさいくらいでした。でも、閑古鳥が鳴いている店に比べたら100倍ましです。店にお客様がいっぱいいることが、うれしくてたまらなかった。同級生にも「深夜に来てくれよ。お客様いっぱいやねんから」と伝え、忙しさを謳歌していました。

しかし、いつまでも午前0時から2時までの2時間だけ混んでいる店であってはいけない。次の手を打たなければ、と考えている時に、東京の居酒屋の動向を耳にしました。どうやら都会では酎ハイブームが起き、甘く飲みやすいアルコールのメニューが増えたことで、居酒屋が女性客でごった返しているらしい。

加古川は田舎で、まだチェーンの居酒屋も進出していないし、多種多様なドリンクを出す店もありませんでした。そこで、自分の店を女性も入りたくなるような、おしゃれな「洋風焼き鳥酒場」にしようと考えたのです。

バーテンダーのお客様にカクテルの作り方を教えてもらい、新メニューのオムレツを練習しました。豚平焼きにヒントを得た、お好み焼き風の「とんとんオムレツ」。これとサラダがヒットして、女性客が増えていきました。そこから女性に限らず若者が集まる店になり、気がついたら午前0時前でも店はお客様でいっぱいになっていました。オープンから半年で念願の満席。うれしかったですね。

深夜営業をフェードアウトしながら、「洋風焼き鳥酒場」として売上を立て、創業から3年ほどして2号店を出すことができました。2号店は2階の空中店舗だったため集客に手こずりましたが、なんとか軌道に乗せて、創業から7年目で目標だった3軒目を出しました。やっと、「トリドール3番館」が実現したわけです。そのお店の造りは輸入家具を配置するなど洋風にして、当時の加古川にはなかったような雰囲気に仕上げました。

3 出店ペースを上げたくて、わけもわからず上場を目指す

さらに洋風焼き鳥酒場を何軒か出した頃、加古川も徐々に発展し、競合店が乱立していきました。中でも、一番手強かったのがおしゃれなイタリアン。本格的なパスタやピザに、「とんとんオムレツ」では勝てないのです。日ごとに落ちていく売上の数字を見て、自分の店のメッキが剝がれていくような気がしました。

悔しく思うと同時に、「これが実力だ」と冷静に俯瞰している自分がいました。料理もドリンクもそれなりで、他店と比べて自分の店を選んでもらえるような差別化要因がないのです。自分たちの強みとは何か。そんなことを考え始めた矢先、郊外ではファミリーレストランの撤退が始まっていました。

郊外にはイタリアンのような強敵がいなかったので、その居抜き物件で焼き鳥屋をやっ

てみることにしました。当時の私には勝算があったのです。というのも、洋風焼き鳥酒場としてやっている店に、ご家族のお客様がけっこういらっしゃっていたからです。

ご家族の中でも、特にお子様が喜んでくれていた。大人にとって焼き鳥は普通の食べ物でも、子どもにとっては特別な食べ物なのです。でも、居酒屋の造りはあまりお子様に向いていません。お酒を飲む場に子どもを連れてくることに抵抗がある親もいる。そこで、家族で気兼ねなく訪れることができるファミリーレストラン風の店舗で焼き鳥を出したら、結構需要があるのではないか、と考えました。

新店舗では、お子様用のドリンクや料理メニューをつくり、取り分け用のプレートも用意しました。そして、最後の締めとして鶏めしの釜飯を出すことにしたのです。これが大ヒット。「ファミリー焼き鳥居酒屋とりどーる」の業態が安定して集客可能だとわかったので、「洋風焼き鳥酒場」からファミリー路線に切り替えていきました。

ファミリー焼き鳥居酒屋がヒットしたことで、コピー店も少しずつ出てきました。「もっと早く出店してシェアを取らなあかん」と焦っていたものの、何店舗も同時に出せるほどの資金がありません。郊外のファミリーレストランの店舗は駐車場もついていて土地が広く、小型の駅前店舗より投資負担が重かったのも響きました。

折しも、世間はＩＴバブル。ＩＴ企業の社長たちが次々に上場していました。そのニュースを見て、「赤字の企業でも、上場すればこんな大金が入んのや」と驚きました。うちは黒字でも銀行がお金を貸してくれないというのに。そこで、資金調達のために上場を目指すことにしました。

この時の私はまだ「上場」という言葉の意味もよくわかっていません。それでも、どうしても上場したいと思い、まずは決起集会を開きました。ホテルに社員を集めて「２０１０年10月に東証一部上場を目指します」と宣言したのです。今振り返れば、無謀な決断だったと思います。社員は皆、ぽかんとしていました。

当時、店舗スタッフ以外のいわゆるバックオフィス業務と呼ばれる仕事は、すべて妻とご近所のパートスタッフさんでまわしていました。飲食事業は、５店舗ほどまでは社長個人のやる気や采配で増やしていくことができると言われています。５店舗から20店舗くらいまでは、売上が立っていて現場をサポートしてくれるメンバーがいればなんとかなる。しかし、それ以上になってくると、店舗開発のためのスタッフやバックオフィス業務専任のスタッフを雇うなど、人件費や間接コストが増大してきます。

上場したいけれど、どうすれば上場できるのかわからない。そこで、まずは上場を支援してくれるコンサルタントに依頼をしました。「こうしてください」と言われることが、これまで考えたことがなかったことばかりで面食らったのを覚えています。

これまではお客様に喜んでいただいて売上さえあげればよかったのが、取締役会や監査役会の設置、管理部門を設置するといった組織体制の整備など、一気に企業としての形式を整えなければいけなくなったのです。「コンプライアンス」や「ガバナンス」といったカタカナの経営用語も初めて聞くものばかり。今では日常的な用語になりましたが、当時は「しゃれた言葉を使うなあ」、なんて感心していました。

一番大変だったのは、「焼き鳥屋の大将」から思考を変えること。「企業経営」という今までにない考え方をインストールする必要があったのです。自分が自分でなくなるような、居心地の悪さを感じました。これまでずっと、お客様や数名の社員、パートスタッフさんと一緒に現場で成長してきた自分が、企業の社長として考え、振る舞わなければいけない。この時、本社も初めてつくりました。それまでは必要ないからと、設置していなかったのです。

見た目から変えていこうと、スーツも着るようになりました。社員にもちゃんとした格好をするように命じました。焼き鳥屋に就職する地元の子は、服装もカジュアルで、ピアスもバンバン開けているような人もいた。けれど、よく働いてくれるから何の問題もありませんでした。それで今までうまくいっていたのに、いきなり社長が「スーツを着ろ」というわけです。どうしたんだこの人は、となりますよね。

私の中に「上場というのは世の中の審査を受けるようなものだから、世の中の鋳型に自分たちを合わせていかなければいけない」という固定観念があったのです。今となっては、経営が健全であれば服装なんて関係ないし、もっと自由にやってもよかった。社員たちには無理を強いて申し訳なかったと思っています。

4 製麺所の行列に衝撃を受け、セルフうどん業態を開始

上場準備の傍ら、2000年に父親の出身地である香川県に行く機会がありました。そこで初めて製麺所でうどんを食べる体験をして、衝撃を受けました。シンプルなうどんを

食べるためだけに行列に並ぶ人が、こんなにたくさんいるなんて。

そこで、製麺所の風情を再現したうどん屋を自分でもやってみたいという気持ちがわいてきたのです。しかし、上場計画はすべて焼き鳥屋の出店計画で組んでいます。いきなりトップが「うどん屋をやる」と言い出したら、会社は大混乱に陥ってしまう。でも、どうしてもやってみたい。

居ても立っても居られず、加古川の本社近くに、会社に負担をかけない程度の小さな店を大工さんと二人で造りました。それが、「丸亀製麺」の1号店です。商号には父親の出身校から「丸亀」の名をつけました。コンセプトは「製麺所の風情があるセルフうどん」。店舗で麺を打ち、目の前で茹でて提供するのです。

当時は、「釜揚げうどん」や「ぶっかけうどん」もあまり知られていませんでした。しかも自分で天ぷらや薬味を取っていく「セルフうどん」は香川県外にはあまりない業態でした。だから、オープンしたての頃はお客様も戸惑われたようです。

それでも、製麺所の風情というのがお客様に受けて、店は一定の繁盛を見せていました。

丸亀製麺はあくまで実験的な店舗であり、事業のメインは焼き鳥屋のままで上場準備を進めていましたが、２００３年頃、思わぬところから暗雲が立ち込めてきました。

世界的な鳥インフルエンザの流行です。これは焼き鳥チェーンにとって大きな打撃となりました。人への感染を恐れて鶏肉が忌避されるようになり、来店客が激減してしまったのです。新規出店している場合ではなくなり、上場計画は白紙に戻りました。

本来なら、２００４年に上場する予定だったのです。そこから飛躍的に成長するバラ色の人生が待っていると思っていたのに……。

外的要因で業績が上下する可能性があるならば、焼き鳥屋一本でやっていくのは厳しいだろう。そう考えて計画を練り直す必要に迫られていた矢先、ショッピングモールのフードコートへの出店依頼が舞い込んできました。当時は、大型のショッピングセンターが増加傾向にあったのです。

私はフードコートのことをよく知らなかったので、依頼をしてくれた方にどんな場所か聞きました。すると、「言ってみれば、繁華街の四つ角みたいな場所」だというではありませんか。集客はショッピングセンター自身でやってくれるのです。しかも、店面積も小さく、出店資金もそんなにかからない、と。そこで、ほそぼそと続けていた丸亀製麺を、フードコートに出店してみることにしたのです。

当時のフードコートというと、店頭で見えるように調理しているのはたこ焼き屋くらいで、他は店内後方のキッチンで作ったものを出す店が多かった。そこに丸亀製麺は、製麺機を持ち込んで、打ち立て・茹でたてのうどんを出しました。

フードコート側からは「そこまでしなくてもよいのでは?」と言われましたが、丸亀製麺の売りは製麺所の風情ですから、変えられなかったのです。

そうしたら、これが大ヒット。まだこうした業態が珍しかったこともあり、まるで本場香川の製麺所のような長蛇の列ができたのです。

うどんがこんなに売れるのであれば、他の業態もいけるのではないか。そう考え、店頭調理という共通点をもたせたラーメン屋と焼きそば屋を次々と出店しました。一つのフードコートで複数業態を同時展開することで、トリドールの業績を急角度で上げていくことができたのです。「一度でも断るともう出店依頼が来ないのではないか」という不安もあり、来る話すべてに飛びついていたのがこの頃です。

フードコートに出店するまで、関西から出たことがなかったトリドール。それが2年でさまざまな地域から出店オファーが舞い込み、関東はもちろん、北海道や九州にも店を持つことになりました。

ここで、「丸亀製麺は全国チェーンになれるんと違うか」という野心が頭をもたげてきました。丸亀製麺はセントラルキッチンがありません。だからこそ、全国どこでも出店できる。これがもし関西に工場を持っていたら、そのエリアでドミナント出店（特定の地域に集中して出店すること）をしていたでしょう。そのほうが効率がいいからです。一見非効率な店舗での製麺というスタイルが、短期間での全国出店を可能にしたのです。

フードコートへの出店をきっかけとして、現在のトリドールにつながる「多業態」と「全国展開」というスタイルが確立されていきました。

こうして２００６年、当初の計画から2年遅れで上場を果たしました。１９９９年に、上場基準を緩和して成長性が見込まれるベンチャー企業に株式上場による資金調達の場を提供するため「東証マザーズ」が開設されたことも幸運でした。まずは、この東証マザーズに上場したのです。

フードコートでの出店が勢いづく中、２００６年にはそれにストップをかけるような事態が起こりました。都市計画法・建築基準法の改正です。商店街のシャッター街化などの問題を受け、大型商業施設の出店に際し、立地条件にある程度の抑制がかけられるようになったのです。

この改正の影響は、後から振り返ればそこまで大きくありませんでした。しかし当時の私は、これから大型ショッピングセンターの新設が激減し、フードコートへの出店ペースがガクッと落ちるのではないか、という恐怖に苛まれました。

そこで出店計画を見直し、もう一度ロードサイドに店を作っていく方針を立てました。丸亀製麺はすでに、ロードサイド店がある程度成功していたので、フードコートで出していたラーメン屋や焼きそば屋もロードサイド店を作ってみたのです。

しかし、丸亀製麺ほどはうまくいかない。それならば、と丸亀製麺に集中して店を展開していくことにしました。２００６年には、ロードサイド店だけでなく都内のオフィスビルなどにも出店し、国内１００店舗を達成しました。

丸亀製麺の認知度が高まってくるのと時期を同じくして、「○○製麺」と名のつくコピー店が増えてきました。これを受け、「レッドオーシャンになる前に、一気に行かなければ」と攻勢をかけて、ロードサイドを中心に出店を加速しました。

２００８年には東京証券取引所第一部に市場変更し、２０００年に掲げた目標より2年早く、念願の東証一部上場を果たすことができました。勢いを維持したまま1年に100店舗出すスピード感で出店を進め、2010年には国内500店舗を突破。2011年には、全都道府県への出店を達成しました。

この頃の社員は、店舗の立ち上げに奔走し、数ヶ月で引っ越すような目まぐるしい日々を送っていました。本当に感謝しています。社員ががんばって各地で旗を立ててくれたおかげで、「丸亀製麺に行けば気軽に讃岐うどんが食べられる」と思っていただけるようになったのです。

5 憧れの経営者の存在が、成長への原動力になる

振り返ると、常に自分を動かしてきたのは成長への渇望でした。店を出せたなら、3店舗は出したい。3店舗出せたなら、50店舗は出したい。もっと店を出すために上場したい。今度は全国に出店したい……「ここまでやったのだからもういいや」とはならないのです。

そうして今は「食の感動で、この星を満たせ。」というスローガンを掲げ、世界中に店

を出す夢を描いています。モットーは「飽くなき成長」。まだ達成すべきことはたくさんあります。

「なぜ、そこまで成長・成功にこだわるのか」と感じる人もいるかもしれません。私が成功について強く意識し始めたきっかけは、ある一冊の本でした。20歳の頃にナポレオン・ヒルのベストセラー『成功哲学』に出会ったのです。

それまでも、ぼんやりと成功者への憧れはありました。父が早くに亡くなり、極貧ではないけれど裕福とも言えない家庭環境だったため、「お金持ち=成功者」になりたいと思っていたのです。この頃には「店を持ちたい」という夢もあった。でも、元来小心者なので「無理なのではないか」と腰が引けていたのです。

そんな時、本屋で『成功哲学』を見つけました。どんな本かはわからなかったけれど、「成功」の二文字がパッと目に入り、手にとったのです。

本格的な自己啓発の翻訳書で、読みやすい本ではなかったけれど、「願い続ければなりたい自分になれる」というメッセージが強烈に響きました。「夢を忘れないように、ちゃんと書いておく」といったアドバイスも印象的でした。それで、最初の店の看板に「トリドール3番館」と書いたのです。

憧れの人物の存在も、成長の原動力となりました。初めに憧れたのは、洋菓子店「アンリ・シャルパンティエ」の創業者・蟻田尚邦さんです。彼のことを知ったのは雑誌でした。1983年に発刊されたａｎａｎ・ＰＯＰＥＹＥ別冊の『サクセス・ストーリー 若き成功者たちの肖像』という雑誌です。パラパラと見ていたら蟻田さんが芦屋の豪邸とキャデラックの写真とともに、いかにして成功したかを語っていたのです。

私は当時、デパ地下のケーキ屋でアルバイトをしており、向かいにアンリ・シャルパンティエのブースがありました。「あの向かいの洋菓子屋の社長さん、こんなにすごい人なの？」と衝撃を受け、即座に洋菓子屋を目指すことにしたのです。

しかしすでに大学生だったため洋菓子の専門学校に入るには遅く、ケーキ職人の弟子になれるような仕事もアルバイトでは見つかりません。どうしたものかと考えていたら、ケーキ屋の店長が「ケーキパーラーの接客の仕事ならある」と紹介してくれたのが喫茶店でした。結果的には、ここで飲食業の楽しさに目覚めたため、私の人生を切り拓く一歩になったと言えるでしょう。

その後、丸亀製麺の店舗数を急激に増やしていた時期に、蟻田さんとお会いする機会があり、「あなたがいたから今の僕があります」と伝えることができました。その時に蟻田さんが「今度、夕食でも」と誘ってくださったので、楽しみにしていたら音沙汰がない。社交辞令だったのかと思っていたら、しばらくして訃報が届きました。

私は新聞に「洋菓子界の恩人」という題で、蟻田さんを偲ぶ短い文章を寄せました。それを読んだ息子さんから、「切り抜いて母に渡したところ、うれしそうに何度も何度も読み返していました」というメッセージをいただき、書いてよかったと心から思いました。

次に憧れたのは、ワタミ株式会社の渡邉美樹さんです。１９９６年、ワタミが株式を日本証券業協会に店頭登録した、というニュースが飛び込んできました。今はなき店頭市場ですが、当時は上場ではない形で株式を公開する補完的な市場として機能していたのです。トリドールはまだ、ファミリー焼き鳥居酒屋をやっていた頃でした。

店頭登録を記念して、渡邉さんが講演会を開催すると聞き、飲食業界の先輩に学びたいと思い参加しました。さらにアポイントもないのに控室に伺い「焼き鳥屋をやっている粟田貴也と申します。詳しくお話を聞かせてもらえませんか」と図々しくも直接お願いしたのです。

渡邉さんは突然現れた若造に怪訝な顔もせず、「今日は時間がないのだけれど、改めて本社に来てください」と受け入れてくださいました。それで後日ワタミの本社に行き、2時間くらいお話しする機会を得たのです。

その時、「PLとBSを持ってきてください」と言われたのですが、当時の私にとっては謎の暗号でした。恥ずかしながら、損益計算書も賃借対照表も知らなかったのです。渡邉さんは新卒で経理の会社に入社されていて、財務諸表を見るのに長けているから、そうおっしゃったのでしょう。

当時の私は意味不明なまま、とりあえず「わかりました」と答えました。そして顧問の税理士さんに「PLとBSってやつある?」と聞いて、出力してもらったデータを持って会いにいきました。当日は無我夢中で何を話したかよくわからないくらいでしたが、「自分もこうなりたい」と強く憧れたのを覚えています。

2000年にワタミは東証一部上場を果たします。その時、日本経済新聞に全面広告を出されたのです。私はそれを切り抜き、茶色く変色するまでずっと壁に貼っていました。

2000年はトリドールも上場を目指した年です。切り抜きを見るたびに、上場への決意を新たにしていたのです。

グローバルフードカンパニーを目指すようになってからの憧れは、フィリピンのジョリビー・フーズ・コーポレーション（以下、ジョリビー社）の創業者であるトニー・タン・カクチョンさんです。

ジョリビー社はフィリピン最大手のファストフードチェーン店で、今はフィリピン国内で約３３００のグループ店舗を展開しています。アメリカやカナダ、中国、ベトナム、サウジアラビアなど33の国に進出しており、年商は６０００億を超えてなお成長しているのです。

私はこの方にどうしてもお会いしたくて、２０１８年頃に日本フードサービス協会の国際交流委員としてフィリピンへ向かいました。

約束を取り付け、１時間くらいお話しすることができ、グローバルフードカンパニーへのモチベーションが一層上がりました。「いつかジョリビー社を超えたい」と思っているのですが、トリドールが成長しても、それを上回る速さでジョリビー社も成長するので、なかなか抜けません。こうした、憧れて、追い越したいと思う存在がいると、成長への意欲もさらに増します。

フィリピンは急成長後なお経済発展の余地を残しており、他の東南アジア新興国と同じく基本的には農業国です。そのような環境でも、一人の起業家が夢を持って突き進んだ結果、こんなに企業を発展させることができた。このことに私は感動しています。

そしてトニーさんが夢を追いかけることで、フィリピン全体もそれに引っ張られて豊かになっていると感じるのです。就業機会の創出などはわかりやすい例ですが、それ以外にも国の経済発展に寄与している部分があります。一人の青年の夢から始まった企業の成長が、結果として多くの人を幸せにする。そうした生き方はとても格好良く、自分もそうありたいと思っています。

第3章

非効率でも体験価値にこだわる理由

キーワードは「二律両立」

1

香川の製麺所の行列を見て長年探し求めていた答えを見つける

「この行列は一体何なんや……！」

香川県・丸亀市の製麺所で受けた衝撃。それが、「丸亀製麺」誕生のきっかけとなりました。それから約25年。その時に実感した「人を惹きつけるのは食の感動体験なのだ」という気づきは、世界最大のうどん外食チェーンとなった今でも薄れることなく、丸亀製麺のコアとして輝き続けています。

１９９８年頃、父親の地元である香川県に行くことが何度かありました。中学1年生で父親が亡くなってから少し足が遠のいていた四国地方ですが、久しぶりに行ってみると、明石海峡大橋ができるなど交通網が整備され、県外からの観光客が増えているのを感じました。そんな中、せっかく香川に来たのだから、製麺所でうどんを食べようという話が出ました。

人気だとは聞いていたものの、驚いたのがその行列です。小さな製麺所を取り囲むように長蛇の列ができている。中に入ってみると、打ち立てのうどんを釜で湯がいて、どんぶりに入れてくれるのです。小屋のような簡素な建物に立ち込める湯気。小麦粉の香り。その臨場感に圧倒されました。

出てきたうどんは、醤油をまわしかけて食べるシンプルなもの。トッピングは薬味が少しあるだけ。それが製麺所の雰囲気も相まって、えらくおいしく感じるのです。周りの方々も、すごく楽しそうにしています。

食べながら、「これはどういうことなのだろう」と考えを巡らせました。当時、私はトリドールの社長として店舗づくりや商品開発、接客にも力を入れて、お客様に来ていただくためにできる限りのことをしていたつもりでした。でもこの製麺所は、内装も商品開発も手をかけていない。たった二人で運営していて、基本的にはセルフサービス。それでも大行列ができ、人々は満足している。一体なぜなのか。

そこで気づいたのが、「体験価値」の重要性でした。この製麺所では、うどんを打ち、茹でるという調理シーンが、人を惹きつけている。ライブ感が非日常を感じさせ、素のうどんを食べるという一見普通の体験を特別なものにしているのだ、と。ここに、私が長年探し求めていた「自分が突き詰めるべき強み」が見つかりました。

トリドールでも、1店舗目はお客様の目の前で炭火を使って焼き鳥を焼いていました。確かに焼き場が入り口近くにあるとお客様がその様子に惹かれて集まってくださったり、焼き鳥の売上が上がったりすることはありましたが、強みの要であるとは思っていませんでした。だからこそ、流行にのって洋風のドリンクや食事のメニューを増やしたり、家族客という新たな客層を求めて郊外のファミリーレストラン型焼き鳥居酒屋を展開したりしていたのです。

それらの施策は、短期的には効果がありました。しかし、こうした場当たり的な施策で店が繁盛しても、競合店が出てくるとすぐに売上が落ちてしまいました。「明日には流れが変わって、お客様が来なくなるのではないか」という不安がいつもどこかにあり、枕を高くして寝られない日々でした。

やっと自分がやるべきことが見つかった。「体験価値」という全く違う視点を持ったことで、目の前の霧が晴れたような気がしました。ここから、人生が大きく変わったのです。

兵庫県に戻ってきてから、実験的に「製麺所の風情があるセルフうどん」というコンセプトで丸亀製麺の1号店をつくりました。当時は焼き鳥屋がメインだったので、そこまでこちらに力を入れることはできなかったのですが、それでも丸亀製麺は繁盛し続けました。製麺所の行列にあやかった丸亀製麺がヒットしたことにより、私は体験価値こそが人を惹きつけるという確信を深めました。食の感動を求める人の心は時代によって変化するものではなく、感動は複合的な要素から成るため簡単に真似できない。体験価値はより本質的な強みなのです。

そして、「ここから先、どんなに店が増えてもこの強みは絶対になくさない」と心に決めたのです。

2　チェーン展開に潜む標準化の罠

体験価値は店づくりから始まります。丸亀製麺の店舗は、ひと目見て「丸亀製麺だ」とわかるように統一したイメージで作られています。細部にいたるまで、丸亀製麺の世界観を反映しているのです。

入り口付近にあるのは、小麦粉の袋に製麺機、うどんを茹でる釜です。入店してすぐ製麺のシーンやうどんを湯がくシーンが目に飛び込んでくるよう、うどんの切り出し機の位置や釜を置く台の高さなどを細かく調整しています。麺は小麦粉と水と塩だけを使い、店内で製麺します。生地を1日寝かせるための熟成室もお客様に見える場所に設置するようにしています。

切り出したうどんは小分けにして15分から20分ほど茹でます。お客様のオーダーに合わせて、釜揚げうどんならば釜揚げ用の桶に移します。かけうどんやぶっかけなどのだしで食べるうどんであれば、水で締め、その様子もしっかり見えるようにしています。肉系のうどんであれば、肉を焼く調理もお客様の目の前で行います。

その隣には、天ぷらとおむすびのコーナー。売れ行きを見ながら、リアルタイムで天ぷらを揚げ、おむすびを握ります。すべて視覚や嗅覚など五感で楽しめるオープンキッチンになっているのです。天ぷらはできるだけ揚げたてを召し上がっていただきたい一方で、さまざまな天ぷらが並んでいる様子が食欲をそそるため、こまめに揚げて並べるようにし

丸亀製麺店内の様子。入店してすぐ製麺やうどんを湯がく様子が目に入る。
揚げたての天ぷらが食欲をそそる。

ています。

薬味はセルフサービスで取れるようにし、だしも店で1日6回ほど引いています。お客様が多い店舗では、それ以上引くこともあります。だしはすぐに風味や香りが飛んでしまうため、1日分を作り置くことはできないのです。調理の部分だけでも、チェーン店とは思えない非効率なオペレーションであることが、おわかりいただけますでしょうか。

自分の考えた業態が全国に広がって、たくさんのお客様に料理を食べていただける。これは、飲食店経営をしている人にとっては夢の一つだと言えるでしょう。

しかし、チェーン化には標準化の罠があります。個人店で繁盛している店がチェーン化する際、店が増えるにつれて人気が落ちていくのを見たことはありませんか。それは希少価値が薄れたことよりも、標準化することでその店の強みが失われるからではないか、と私は考えています。

チェーン展開する時は、オペレーションやメニューを効率的・画一的にしていくことを求められます。その過程で、お客様の考える「これがある・ここがいいからこの店に行く」といったその業態の強みが薄まってしまう、あるいはなくなってしまうのでしょう。

逆に言えば、一番の強みを手放さなければ、いくら店舗が増えても人気であり続けられると思います。その強みが何であるのかで、どれだけ多店舗化できるかが決まるのです。もしその店の強みが「シェフの人柄がいい」「歴史ある店舗の風情が素敵」など、人や物件そのものによる場合は、チェーン展開は難しいと考えられます。

丸亀製麺の強みは、製麺所の風情を感じながら打ち立て・茹でたてのうどんが食べられるという体験価値です。それを手放したら、お客様は来なくなり、自分たちは丸亀製麺ではなくなってしまう。そんな危機感を常に抱いています。

仮に丸亀製麺が店内製麺をやめて工場で大量生産した冷凍麺を使用したら？　茹で釜を無くしたら？　これらの施策は、調理時間の短縮や水道光熱費のコストカットにつながります。現在の冷凍技術であれば、かなり状態の良いうどんを出すこともできるでしょう。でも、それでお客様はいらっしゃるでしょうか。私はそうは思いません。

製麺機などの設備投資、茹でる湯を沸かしたり水でうどんを締めたりする水道光熱費などのランニングコスト、すべて手作業にすることによる人件費や教育投資費の増加……効率やコストパフォーマンスが悪く見えるようなことでも、体験価値を生み出すためにやっているのです。店づくりの段階からかけてきたコストは来店動機につながっていると考えています。

私もこれまで多店舗化についてはさまざまなアドバイスを受けてきました。その多くが効率化・簡略化に関するものでした。しかし私は、効率化が先ではないと考えています。たくさんのお客様が来てくださることで、収益が上がり、多店舗化できるのです。非効率だと言われても、お客様の感動を生み出す部分は省略したらいけないと肝に銘じています。

3 二律両立をやり抜くことで、他社の追随を防ぐ

丸亀製麺の店舗が増え始めた頃、繁盛する様子を見て、いくつものコピー店が出てきました。しかし、店名を「〇〇製麺」にしようと、セルフうどんの方式だけを取り入れようと、丸亀製麺で提供している体験価値がなければ、お客様はリピートしてくれません。そうして、コピー店はいつのまにか消えていきました。

同業態への他社の参入が難しいのは、丸亀製麺が「二律両立」をやり抜いているからで

す。二律両立とは、「うどんを手間暇かけて粉から手づくりする」と「全国各地に店舗を増やし同じクオリティで提供する」というように、一見すると相反する事柄を両立することです。

通常、全国に店舗を増やそうとすると、セントラルキッチン化を進めるものです。そのほうがどう考えても早い上に、クオリティも一定に保てるからです。しかし、丸亀製麺はそうしない。創意工夫と信念で、2つを同時に成り立たせるのです。

「スピード感を持って出店する」と「すべて直営店にする」も相反する考え方でしょう。1年に100店というペースで出店するならば、フランチャイズ方式のほうが早いし出店コストも抑えられる。でも、丸亀製麺はそうしません。

「体験価値」こそが丸亀製麺の強みであり、マニュアルにしばられず臨機応変にお客様を感動させられる人に運営してほしいからです。それはやはり、丸亀製麺の社員や丸亀製麺のパートナーさん（丸亀製麺のアルバイト・パート従業員の名称）にしかできないことなのです。

だからどれだけコストがかかっても、丸亀製麺の理念に共感してくれる人を採用し、トレーニングを受けてもらい、店舗に立ってもらう。そうすれば、お客様の体験価値が損なわれることはないと考えています。

結局、コストカットや効率化によるスピードアップよりも大切なのは、繁盛店をつくることです。それが優先順位の最上位となる。繁盛店をつくると売上収益が立つ。投資したコストを上回る利益を出すくらい、一つひとつの店が繁盛すればいいのです。

そうすれば固定費の比率が低くなり、収益が上がり、出店資金ができる。そして、結果的に早い出店につながっていく。遠回りしているようで、長い目でみれば持続的に多くの店を出す早道になっているのです。

手間暇をかけ、非合理を貫く。これは一朝一夕で真似できることではなく、参入障壁は高くなる。飲食店経営をわかっている人であればあるほど、丸亀製麺のやり方は非合理すぎて真似できないでしょう。それゆえに他社との売上競争に巻き込まれることなく、お客様の求めることだけを追求することができます。

価格帯やファストフードというくくりであれば競争相手がいるのかもしれませんが、体験価値という点では競争相手がいないブルーオーシャンが広がっています。だからこそ、このやり方が我々独自の勝ち筋となったのです。

4 イレギュラーなデータから成功のヒントを掘り起こす

私は、効率化や標準化ではないところに勝機を見出すことがよくあります。売上などのデータを見ている時もそうです。

データを見る時、多くの人が注目するのは平均値です。月平均でいくらだったか。週平均でいくらだったか。それは先月や前年に比べて上がったのか、下がったのか。こうした全体の動きから、次の手を考えていくのが王道のデータ分析だと思います。1日だけイレギュラーな動きをした日があっても、それは外れ値として分析から除外されてしまうでしょう。

たくさんの店を経営していると、時折、ある店舗でポンと売上が跳ね上がったり、同じような条件の立地の店舗の中で明らかに突出した売上を上げていたりと、イレギュラーな数字が現れることがあります。私はそのイレギュラーが気になる。そこには、いつもと違う何かが起きている。それを「たまたまだろう」と流さず、しっかりと見つめるのです。

その日、その時、その店舗で何があったのか。調べると、売上アップのヒントが見つかることがあります。例えば、「その店の社員が個人的な思いでやっていることが、多くのお客様の心に響いている」「商品をいつもと違うところに陳列したら2倍の売上になった」といったことが起きているのです。経営者としては、そうした成功のポイントを拾い集めていくことが大事だと考えています。

これは業態を考える時も共通しています。どうしても人は大衆受けを考えると、平均に寄っていってしまうもの。イレギュラーはリスキーだと感じてしまうのです。

丸亀製麺も、セルフうどんという方式や「釜揚げうどん」といったメニューは香川県周辺でしか見かけないものだったため、他の地域で展開しても「見慣れないもの」として敬遠されてしまうリスクがありました。

しかし、製麺所の行列を信じ、地域特有の人気ではなく広く受け入れられるはずだと考えてチェーン展開したのです。

私も、リサーチしてヒットの確度を上げようとしてしまうことがあります。リサーチは有用ですが、そこからはやはり平均値しか見えないのです。これは私個人の傾向かもしれませんが、事前にじっくりリサーチして考えた業態よりも、直感で「これは絶対売れる」

と思いついた業態のほうがヒットするものです。

5 コロナ禍でヒット 茹でたてが食べられる「丸亀うどん弁当」

ここまでは、丸亀製麺の創業から20年以上変えてこなかった部分についてお話ししてきました。しかし飲食店である以上、変えなければいけない部分もある。アップデートしない業態は、古臭く感じられ、お客様に感動していただけなくなってしまうからです。コアは変えずに、時代に合わせてアップデートしていく必要があります。

新型コロナウイルスの感染拡大は、丸亀製麺が新たな段階に進歩する契機になりました。大きな変化の一つが、うどんのテイクアウトの導入です。創業から20年やってこなかったことに、初挑戦したのです。

元々テイクアウトについては、２０１８年頃から検討を重ね、容器の開発などを進めていました。以前から天ぷらのテイクアウトは実施しており、惣菜としてよく売れていたのです。丸亀製麺におけるテイクアウトの需要はあるとわかっていたのですが、全面的な導入には踏み切れていなかった。

それは、やはりイートインで茹でたてのうどんを食べるのが一番おいしい、という思いが強かったからです。

しかし、感染症の拡大で状況が一変。私はこの先、日本がコロナ前の生活スタイルに完全に戻ることはないと思っています。その場合、イートインだけでやっていくのは厳しい。拡大している中食市場に入っていくべきだろう、と考えました。

そこで、検討を進めていた温かいうどん用の容器を導入し、急ピッチで全店にテイクアウトを導入することにしたのです。

この容器が、テイクアウトを可能にした要でした。特殊な構造になっており、麺ののびを防ぐことと保温性を両立できるのです。下にだし、上に麺と分けて詰めることができ、店で食べるのと遜色ないおいしさを実現しました。丸亀製麺の品質と味を守り伝承している「麺匠」の藤本智美さんのお墨付きです。

また、2021年4月には、うどんと天ぷら、お惣菜がセットになった「丸亀うどん弁当」も発売しました。これは2年で3000万食を超える大ヒット商品になりました。その理由としては、丸亀製麺の体験価値をテイクアウトでも感じられるようにしたからだと考えています。

丸亀うどん弁当は食材を詰めた状態で店頭に並んでいるわけではありません。イートインと同じルートでオーダーを受け、それからうどんを茹で、茹でたてのうどんと天ぷらを詰めていくのです。

これは効率のいいやり方ではないでしょう。しかしそうすることで、お客様に店内でうどんを作るシーンを見ていただいたり、薬味や天かすを好きなように入れていただいたりできる。テイクアウトでも「丸亀体験」をしていただけるのです。

丸亀うどん弁当と聞いただけでは、茹でたてのうどんを詰めてもらえるとは思わないですよね。ここに驚きと感動があるわけです。

ちなみに、イートインと同じレーンに並ぶので、テイクアウトなのに持ち帰るまで時間がかかってしまうというデメリットはありました。同業者には「あんなやり方

丸亀製麺「丸亀うどん弁当」

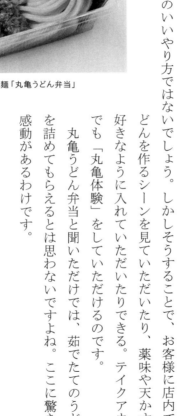

では行列ができるのが当たり前だ」と、呆れられていたかもしれません。

ピーク時に弁当の注文が立て込むと、スタッフが混乱してしまうこともあったようです。オーダーをいただく前に詰めておいて、それを売れば「頼んだあの天ぷらが入っていない」といったクレームもないでしょう。しかし、それではやはり丸亀製麺ではなくなってしまうのです。我々の変えてはいけない部分と、アップデートする部分が融合して丸亀うどん弁当の成功が生まれたのだと思っています。

我々は食べ物だけでなく体験を売っている。それがわかるかどうかで、我々が器用に見えるか不器用に見えるか変わってくるのだと思います。

とはいえ、あまりに行列ができると待ち時間が長くなり、テイクアウトのお客様とイートインのお客様、どちらの満足度も下がってしまいます。

そこで、2022年からはテイクアウト専用の販売窓口を各店舗、特にロードサイドの店舗に設置していきました。専用窓口でも、事前に詰めたものを売ることはしません。窓口からもうどんを茹でる様子が見られ、並んだ天ぷらから選べるようにします。

専用窓口を作った店舗では、応対がスムーズになり、全体の20％以上がテイクアウトの売上というところもあります。しかも、テイクアウトとイートインでは、ピークの時間がずれるのです。お昼であれば、テイクアウトは午前11時頃と早めにピークがきて、イートインはそれから1時間後くらいにピークがきます。こうなるとより混雑が緩和され、全体の売上も上がりました。

6
振って食べる「丸亀シェイクうどん」で新たな客層を掘り起こす

２０２３年5月には、テイクアウトの新たな商品として「丸亀シェイクうどん」を発売しました。丸亀シェイクうどんはカップ型の容器に、うどん一玉とだし、具材が入っていて、カップを上下に振ると麺と具材がうまく混ざり合います。

元々は、ドライブスルー店舗専用の商品として開発されたものです。だから、車のカップホルダーに収まるような容器に入れることが先に決まりました。しかし、深さのあるカップ型容器は上の具材と下のだしを混ぜ合わせにくいのが難点。そこで出てきたのが、容器ごと「シェイクして」混ぜ合わせるというアイデアだったのです。

はじめはうどんを振って大丈夫なのか、という疑問もあったのですが、やってみるとこ

丸亀製麺「丸亀シェイクうどん」

れが結構楽しい。機能性にエンターテインメント性がプラスされ、「ワクワクするようなお持ち帰りの新体験」をお客様に提供できるという収穫がありました。

そしてテストキッチンで試作品が提案された場で、「これは絶対に人気が出る、ドライブスルー店舗だけで売るのはもったいない」という意見が出たため、その場で全店展開することが決まったのです。

予想は当たり、多くのお客様に支持していただいたおかげで、発売から3日で21万食を売るというスタートダッシュを決め、販売開始後約10ヶ月で累計500万を超える販売数を記録しました。

予想外だったのは、10代、20代の女性が購入するケースが多かったこと。この層は今まで丸亀製麺の利用機会が少ない層でした。丸亀シェイクうどんなら気軽に食べられる、と思ってくださったのではないかと思います。

これまでの丸亀製麺のうどんとは違う顧客を獲得し、まだまだ我々にはお客様の開拓の余地がある、ということにも気づかせてくれた商品となりました。

丸亀シェイクうどんが出たら丸亀うどん弁当が売れなくなったかというと、そんなことはありませんでした。丸亀うどん弁当は中高年の親世代、丸亀シェイクうどんは子世代と層がかぶらず、家族で購入してくださるケースも多いのです。

丸亀うどん弁当は丸亀製麺でうどんを食べる体験をそのままテイクアウトにした商品で、丸亀シェイクうどんはイートインでは味わえない新感覚の楽しさがある商品。違う魅力であるがゆえに、カニバリゼーションを起こすことなく、相乗効果でテイクアウトの売上が伸びていきました。

これからもテイクアウトには力を入れていきます。丸亀製麺のブランド力をもっと上げて、丸亀製麺のうどんを持ち帰ったら、家族全員が大喜びするような存在になりたいです。

7
3年かけて開発した「丸亀うどーなつ」商品開発も感動創造が最優先

同じうどんでも、アプローチを変えれば新たな感動を生み出すことがある。丸亀シェイクうどんに続き、2024年6月に発売した「丸亀うどーなつ」でもそれを実感しました。お客様の中には「丸亀製麺がなぜドーナツを売るの？」と驚かれた方もいらっしゃったでしょう。近年、生ドーナツなどが注目されているため、流行に乗ったのではと思われるかもしれません。しかし丸亀製麺、ひいてはトリドールの新商品開発はそういう発想では行わないのです。

あくまで、軸になっているのは「感動体験」。丸亀製麺でこれまでにない感動体験をつくるにはどうしたらいいか、と考えた先にあったのがドーナツだったのです。丸亀製麺のうどんは「すべての店で粉からつくっており、もちもちとした食感が楽しめる」ことが本質的な価値です。だから、丸亀製麺の出すドーナツの食感は「サクサク」でも「ふわふわ」でもなく「もちもち」を極めているのです。

丸亀うどーなつもうどんと同様、店内で生地を作り、揚げています。この食感の秘密は、生地にうどんを30％以上配合していること。そしてうどんに使う白だしを少量加えることで、旨味と風味をプラスしています。まさに、うどんから生まれたドーナツなのです。

5個セットで紙袋に入れて販売しており、お客様自身が袋にスプーンでフレーバーのパウダーを入れ、振って味付けをしていただきます。発売当初のフレーバーは「きび糖味」と「やみつきカレー味」の2種類。お客様にフレーバーパウダーを入れて振っていただくことで、体験価値が生まれます。自分好みの味にカスタマイズするワクワク感もある商品です。

丸亀うどーなつは、構想から発売まで3年かかっています。２０２１年当初は「お客様が想像もしていない感動体験を提供するような新商品」として幅広くアイデアを出していました。その中に、間食・スイーツを提供するという案があり、いろいろと試作をしていたのです。

和のスイーツとしてわらびもちや水ようかんという案も出ましたが、手づくりするのが大変。かといって、商品を仕入れて売るのは丸亀製麺らしくない。そこで「うどんを原料にデザートや間食を作れないか」と発想を転換し、パンやかりんとう、ポテトフライ風の揚げうどんなどを試作してみました。その中にドーナツがあったのです。

試食をして、やはりドーナツが一番良いと感じたのを覚えています。うどんが原料であることが活かされているし、店舗には天ぷら用のフライヤーがあるので別の調理器を導入しなくてもいい。何よりおいしかったのです。

テスト販売も行い、手応えを感じたものの、理想のもちもち食感の実現、生地をこねるミキサーの調達や店舗オペレーション構築に時間がかかり、なかなか全国販売にいたりませんでした。究極のもちもち食感を実現する最適なうどんの配合率が見つかり、全国約850店舗にミキサーを設置する算段がついたのが2023年秋ごろです。フレーバーパウダーも様々な候補がありましたが、きび糖味とカレー味に決定しました。きび糖は万人に好まれるやさしい味で、カレーはカレーせんべいのような懐かしいやみつき感があっていいと思いました。

発売後は、6日で100万食、3週間で300万食を超え想定の2倍以上のヒットとなりました。「うどんから生まれたドーナツ」という意外性と、他にはない食感やおいしさを評価していただけたのだと思います。丸亀製麺の本質的な価値から離れていないことにより、従来のお客様を失望させることもなかったのでしょう。

丸亀製麺の商品開発は、商品企画部や商品開発部、マーケティング部、営業部、原料の仕入れを担当する購買部などさまざまな部署が起点となって行われています。丸亀シェイクうどんや丸亀うどーなつなど、既存のカテゴリーにない大型の戦略商品の開発は、丸亀製麺の山口社長が発想し、南雲ＣＭＯと体験価値や世界観、コミュニケーションの戦略・戦術を練り上げていくパターンからヒット商品が生まれています。

また、テスト販売までのスピードが早く、並行していくつもの商品をテスト販売することもあります。商品開発の起点の多さとスピード感、そして感動体験を探求し続けるいい意味でのあきらめの悪さ。これが丸亀製麺の商品開発の強みだといえるでしょう。

8 商売は、インサイトを読み取る崇高な心理ゲーム

私は、商売というのは崇高な心理ゲームのようなものだと感じています。お客様は我々

に何を期待しているのか。何をするとお客様は喜び、何をすると落胆されるのか。お客様の心理を読み取り、それに対して業態や商品やサービスを世に出していく。読み取ったことが当たっていたのか外れていたのかは、「売上」というかたちで結果が出る。その繰り返しなのです。

マーケティングでは消費者の購買行動につながるお客様自身も気づいていない動機のことを「インサイト(Insight)」と言いますよね。顕在化しておらず、ニーズにもまだなっていない感情や欲求。直訳は「洞察力」ですが、まさに洞察力をもって人の心理をうまく読み取るのです。

「こうではないか」と立てた仮説が正解で、業態や商品がヒットした時の気持ちよさは、ゲームで勝利したときのような感覚です。今でも、新しい業態を考えては「これ、いけるで!」と一人で夜中ににんまりすることがあります。これがおもしろくて、私はずっと商売を続けているのだと思います。

もちろん当たりばかりではなく、外してしまうこともあります。自信があった業態が鳴かず飛ばずだったり、お客様の期待を上回ることなく失速してしまうこともありました。これが来店動機になる、と思ったことが外れていると、その店は繁盛店にならない。インサイトを正確に掴めるようになるには、洞察力を磨くことが必要です。

洞察力は観察によって磨かれていくものです。普段から商売のことを念頭に置いて生活していると、ヒントが山程見つかります。

例えば、商店街で行列を見たら「どうしてあそこだけ人だかりができているのだろう」「他の店と何が違うのだろう」「どうしたらあの行列を再現できるだろう」と考える。偶然出会うものだけでなく、流行の店や人気の店には積極的に足を運ぶようにしています。

先日も飲食店の経営者に連れていっていただいたイタリアンで、さまざまな気づきがありました。食材は料理する前に席まで持ってきてくれて視覚的に楽しむことができ、焼きたてのパンを持ってきて自分でちぎる体験では触覚を刺激される。トリドールの店で重視している五感で楽しむ体験価値という点でも、大きな学びがありました。

業態や商品についてのひらめきが生まれるのは、常に問題意識を持っているからだと思います。問題意識がなければ、行列を見ても、すばらしいレストランに行っても、特に気づかないでしょう。私は四六時中商売のことを考えているので、「こうしたらお客様に喜んでいただけるのではないか」というアイデアがよく出てくるのです。

また、苦境を打開するようなアイデアは、通常の思考の延長線上には生まれないと感じています。私はよく、大言壮語ととられるような大きな目標を口にします。それは、弱い自分を追い込むことで「火事場の馬鹿力」が出ることを期待しているからです。

店舗数が100店の時に500店出すことを目標として掲げる。売上1兆円企業になると言う。こうしたことは、一次関数のグラフのような成長を目指す経営を続けている限り、達成できません。労働時間を増やすといった根性論でも無理です。追い詰められて考えることで、ブレイクスルーを起こすような知恵が生まれるのです。

例えば、豊臣秀吉が一夜にして築いたという墨俣城の逸話のように。現在は、一夜にして城を築いたという史実はないと考えられているようですが、材木を用意しておいて川に流す、別の場所で一部組み立てた状態のものを墨俣に運ぶ、などそれまでの築城では使わなかった方法がとられたのは事実でしょう。これも、短期間で敵地に砦を作るという無理難題が降り掛かったからこそ、生まれてきたアイデアなのだと思います。

不可能を可能にする。そう考えた時に、視点が変わり、思いも寄らない方向から解決策が見えてくるのです。

第4章

「人」こそ
すべての源泉

1 省人化の時代に「増人化」する意味

トリドールはこれから、この時代にはありえない方針に舵を切ろうとしています。傍から見るとそれは、風車に突撃したドン・キホーテのように、愚かしく、無謀に見えるかもしれません。それでも、我々の行くべき道はこちらにある。トリドールは、労働力人口減少による飲食業界の省人化の流れに逆らい、社員・パートナースタッフを増やし、さらに手厚く迎え入れます。

これからますます少子高齢化が進み、就業人口が減っていくことが予想されています。ただでさえ慢性的な人手不足の飲食業界は、ますます求人難になり、人件費は高騰するでしょう。さらに、２０２２年からはロシアによるウクライナ侵攻などの影響で、エネルギー費用も高騰。ガス代や電気代は驚くほど値上がりしました。物流が滞り、食材費も上がりました。

しかし、日本は失われた20年、いや30年と言われるほど経済成長が停滞しており、平均収入はほとんど変わっていません。海外の先進国では、賃金が上昇傾向にあるというのにもかかわらずです。このような社会的な事情から、丸亀製麺でもメニュー価格は極力上げてきませんでした。コストの上昇分を価格転嫁すると、お客様が離れてしまうリスクがあったからです。まさに飲食店にとっては危機的状況だと言えるでしょう。

このような時代に脚光を浴びているのがフードテックです。チェーン店などを中心に、調理も接客もロボット技術が導入されつつあります。

私もファミリーレストランで配膳ロボットを見たことがあります。オーダーはタッチパネルで、配膳はロボット。店員と顔を合わせるのは最後の会計時だけでした。そうすると、大型の店舗でもアイドルタイムであれば一人か二人でまわせるのです。会計に自動支払機を導入すれば、入店から退店まで人と接しない、というオペレーションも可能になります。

こうしたデジタル化・ロボット化の技術は、人手不足の問題を解決する救世主のようにもてはやされています。私も時代的に必要な技術であり、需要は伸びていくだろうと予想しています。ただ、我々の歩む道ではない。

トリドールの店にお客様が足を運んでくださるのは、そこに体験価値、すなわち感動があるからです。人の手による調理・サービスは、工場生産やマシン製造、ロボットよりも確実性が劣る部分はあります。機械のアウトプットは安定していて、お客様の期待を裏切らないでしょう。でも、期待を超えることもない。

昨日よりも今日、今日よりも明日、いいものを提供したいという人の思いと努力が、お客様の期待を超える体験を生み出すのです。

そして、省人化された店舗で感じた一抹の物足りなさ。これは私が60代だからかもしれませんが、やはりどこか味気なく感じたのです。もちろん、人と接点がないことをスムーズで好ましいと感じる人がいることも理解しています。ただ、一律で人手不足に対し省人化という答えを出すのは、顧客不在の考え方ではないでしょうか。

省人化によってお客様が来なくなったら、本末転倒です。人が生み出す感動を強みとしているトリドールの店では、省人化による客数減は十分に有り得ること。お客様に来てもらえないと、いくらコスト削減できても長期的には経営が成り立ちません。逆に強みを磨くことで来客数が増えれば、人件費などのコストがある程度かかったとしても、結果的には吸収できるという仮説を立てています。

とはいえ、この時代にさらに人件費を増やして人を雇っていくのは、おかしいと思われるようなことかもしれません。時代に逆行しているのも理解しています。ただ、他の人がやらないということは、やり抜けばオンリーワンの存在になれるということです。私の中では、勝ちに行く気持ちで、人を増やそうとしています。

事実、丸亀製麺では2023年になって過去最高売上を達成する店舗がいくつも出てきています。その理由を、丸亀製麺事業を任せている株式会社丸亀製麺・山口寛社長に聞いてみると、「2年前、1年前よりも人が揃ってきたことが大きい」という答えが返ってきました。やはりトリドールにとっては、人が成功の源泉なのです。

2 日々の仕事に目標と誇りをもたらす「麺職人制度」

自分の日々の仕事に目標や誇りを持つ。これは、生き生きとやりがいを持って働くために重要なことです。そのために2016年から実施しているのが、丸亀製麺の「麺職人制度」です。この制度には、各店舗で提供するうどんを期待以上のおいしさにしていくことに加え、自分の仕事に誇りを持って働く人を増やす目的があります。製麺の作業はともすればルーティーンになりがちです。毎日同じことを繰り返すのではなく、日々上達していきたいと思えるような目標を設定したかったのです。

試験を受けてもらい技術や経験によって４つのレベルに分け、麺職人と認定します。スタート当初から、合格率は30％くらい。すごく難しい試験です。最上位の四つ星とその下の三つ星に認定された人はまだいません。二つ星は全国でたった9人だけ（２０２４年5月現在）。だからこそ、社内で憧れられるポジションになっています。

以前からそうだったのですが、この制度ができてから、より製麺担当者のうどんへの思い入れが強くなったように感じます。みんな「自分の麺が一番うまい」と思っているでしょう。製麺について話し出すと止まらないのです。

さらに丸亀製麺では麺職人が主役のＣＭを作り、ウェブサイトに麺職人へのインタビュー動画を公開しました。自分でその動画を見たり、動画を見た同僚やお客様に「動画見たよ」「かっこよかった」などと反応をもらったりしたら、その麺職人は確実にモチベーションが上がります。実際、麺職人に認定された人の離職率はかなり低いのです。

テレビCM「麺職人の情熱」篇

現在、麺職人は全国で1700人以上（2024年5月現在）います。だんだん麺職人制度の知名度も高まってきて、お客様が「ここに二つ星の麺職人がいると聞きました」と遠くからわざわざ来店してくださることもあるのです。

麺職人制度が知られるようになるということは、丸亀製麺のうどんへのこだわりも知っていただけるということ。それは結果的に来店動機につながり、客数の増加につながると考えています。

3 「育てる」と「任せる」は近い　成功体験で人は育つ

トリドールは外食ビジネスの会社です。しかし同時に人材開発企業も目指したいと考えています。育った人が独立すれば、人材の流出を増やしてしまうかもしれません。それだとしても育成に力を入れていこうとしています。

特に、商売に長けた人を育てたい。「こういう業態をやったらヒットするのでは」「お店でこういうサービスをしたらもっとお客様に喜ばれるはず」といった創意工夫ができる人が複数いることは、トリドールのような会社にとって非常に心強く、成長の推進力になります。

しかし、「人材を育成する」と一口に言っても、多くの企業がその方法に頭を悩ませていることでしょう。私の中では「育てる」と「任せる」が近いところにあります。任せるということは、その人自身が判断をするということ。小さなことから大きなことまで、多くのことを判断する中で、商売の勘や経営の力が磨かれていくと思うのです。

トリドールをホールディングス制にして、各飲食ブランドを子会社化したのも「任せる」の一環です。丸亀製麺のことは、株式会社丸亀製麺の社長に任せる。そうすることで責任も増し、その業態の発展に集中できると考えたのです。

人に任せることの大事さに気づいたのは、創業初期の頃でした。当時のトリドールはほぼ焼き鳥屋であり、夜の仕事だと思って応募してくるやんちゃな社員が多かったのです。

そうした人たちを、座学で教育していくのは難しい。でも店を任せ、できたことを褒めながら見守っていると、ある時から急に頼もしい存在になることがある。会社で研修などの教育機会を提供することはもちろん大事ですが、仕事の中でまだやったことがないことにトライして成長していくほうが、伸び幅が大きいと思っています。ときには、こちらが予想もしなかったほど成長することもあるのです。

現在のトリドールでも、社員によるさまざまなトライが行われています。切りたての牛肉をお客様の目の前で焼いて丼で提供する「肉のヤマ牛」は、社員が発案して創り上げた業態です。他にもチャレンジした業態はいくつもありますが、うまくいくのはほんの一握り。それは、私が考えた業態であってもそうです。失敗は表面的には無駄に見えるかもしれませんが、トライが多いことは、企業文化として悪くないと思っています。リスクテイクしないと成長は望めないものです。

トリドールの成長の裏には、多くの失敗があります。感覚としては5勝4敗くらいの割合。負けも多いからこそ、常に敗者復活できる会社でありたい。失敗したからといって、仕事を任されなくなったりはしません。失敗しないように事前に周到にプランを立てるよりも、まずやってみて、足りない部分を後から補完するほうが、成功の確度は上がっていくからです。

社員に任せた上で、その人自身が成功体験を積む。それが、成長のステップになると考えています。私が100回言うよりも、自分で実行して得た成功体験のほうが100倍腹落ちするのです。

丸亀製麺がこれだけの店舗数になったのは、成功体験で丸亀製麺のコアがどこにあるのか、心の底から実感してくれた仲間がたくさんいたからだと考えています。

成功体験とはつまり、打ち立てのうどんや揚げたての天ぷらを提供する、心を込めて接客する、といったお客様の感動につながるような行動をとり、それによってお客様からお褒めの声をいただいたり、店の客数・売上が上がったりするような体験のことです。

4 スタッフの一挙手一投足から体験価値が生まれる

改めて考えると、丸亀製麺の仕事は、他の飲食チェーンに比べてかなり大変です。入り口の製麺から始まり、麺を茹でて、湯切りしたり水で締めたりして器に盛り、天ぷらを揚げて、おむすびを握って、レジで会計をする。このすべての担当スタッフの前をお客様が通過するように店を設計してあるのです。洗い場ですらそうです。

見られているということは、そのすべての工程で手抜きが許されないということ。体験価値はこのすべてのスタッフの一挙手一投足から生まれるのです。

２００6年からは年間１００店舗ほどの出店ペースで、ピークの２００7年には3日に1店舗オープンしていました。そうするとプロパーの社員だけでは店長の数が間に合わず、毎月採用することになります。その際、同業種から転職してくる方もたくさんいました。多くが大手チェーンの店長経験者です。

彼らは丸亀製麺の店舗運営を見て、開いた口が塞がらないという様子でした。無理もありません。丸亀製麺はまず、店舗の初期投資額が大きい。高価な製麺機や茹で釜、熟成庫などを購入し、入り口付近に面積をとって設置しています。

しかも、麺を茹でたり水で締めたりするために、水道は出しっぱなしでガスはつけっぱなし。入社当初は「なんて不器用な経営をしているんだ」と思っていたことでしょう。

工場で冷凍麺を作って配送すれば、入り口のスペースも節約できるし、水道光熱費も下げられる。麺のクオリティも一定になる。大手チェーンの一般的な正解はこちらでしょう。当時は大手チェーンの効率化・コストカット重視と丸亀製麺の体験価値重視、２つの相容れない思想がぶつかり合うような状態になっていました。

しかし転職してきた方も、お客様の感動を目の当たりにして、成功体験を積むと考えがガラッと変わりました。すべての設備・工程に意味があり、省略できないのだと腑に落ちるのです。

また、プロパーの社員が、体験価値の大切さを伝え続けてくれたことも大きかった。体験価値の重要性が一度腑に落ちた人は、それを周りにも伝えてくれるのです。そうした社員がたくさんいたことで、丸亀製麺という城の石垣を高く積むことができたのだと思います。

5　「粟田未来塾」で全国行脚　膝突き合わせて話す

私自身も、トリドールの哲学や大切にしていること、これまで積み重ねてきたことについて、社員とコミュニケーションを取る機会を積極的に設けています。その一つが、2023年からスタートした「粟田未来塾」です。はじめは、「EATING MEETING」という名称で本社スタッフと社内にあるカフェスペースで軽食を食べながら語り合う会を実施しました。48回の開催で、本社スタッフ全員と話すことができました。

その後は全国に足を運び、その地域の店舗スタッフ10人くらいを集め、膝を突き合わせて話しています。粟田未来塾という名前がついているとはいえ、私が一方的に話すような会にはしたくない。私は良い会議はどれだけ参加者が発言したかで決まると思っているので、できるだけ全員に話してもらうようにしています。どんな思いで働いているかや普段の取り組みについて、参加者が一人ずつ話すのです。

その中で、マネージャーや店長から成功事例を教えてもらうこともたくさんあります。過去最高売上を更新している店舗を複数担当しているマネージャーからは、「プチ面談」という方法について聞きました。そのマネージャーは、1 on 1に加えて、日常的に立ち話をするようにしているのだそうです。すると小さな変化に気づいたり、困りごとを聞いて改善したりといったことが起こり、スタッフが定着するようになった。その結果が、最高売上なのだと言っていました。

売上利益のために本社側はさまざまなプロモーションを用意しているけれど、やはり最も影響が大きいのは店舗の人数的な充足であり、スタッフの心の充足なのだと実感した話でした。

今のトリドールは、年商2300億円超の東証プライム上場企業です。私はまだ小さな焼き鳥屋だった頃のことをよく覚えていますが、今入社してくる社員などは「大企業」だと思って入ってくる。安定志向のメンバーの心に火をつけるのも、私の仕事ではないかと思います。

新入社員に、私が直接「なんもわからへんけど、一生懸命やったら形になっていった。成功体験を積み重ねたら、大きな夢を実現できる」と話すことに意義があるのです。普通の人でも志を持てば大きなことを成し遂げられる。それを私が立証しているのですから。

6 人との接点以外は大胆にDX 需要予測はAIで

働きやすい環境をつくるために会社は何ができるのか、ということも考えつづけています。その一つが、DX推進です。フードテックの波に逆らうという話をしましたが、実はお客様との接点以外では積極的にデジタル化を進めています。

この取り組みは2019年から始まりました。ロードマップを策定し、段階的にビジネスプロセスの最適化を図っていったのです。

２０２１年には「ＤＸビジョン２０２２」を策定し公開。「すべてのレガシーシステムを廃止し、クラウドとサブスクリプションを組み合わせて業務システムを実現する」「すべてのネットワークには脅威が存在すると捉え、ゼロトラストセキュリティを実現する」「コールセンター、経理、給与計算などのバックオフィス業務をすべて手順化し、ＢＰＯセンター（外部委託拠点）へ集約する」という3つの目標を立て、それに向けてシステムの切り替えなどを順次行っています。

このＤＸで目玉となるのが「ＡＩ需要予測」です。企業内の販売実績や営業カレンダー、販促キャンペーンのスケジュールなどのデータと、気象データなどを組み合わせて、店舗別・日別の客数予想や販売数予測の結果を出す、というものです。２０２３年2月から、丸亀製麺の国内全店で稼働しています。

これは、店長の業務負担を劇的に軽減する可能性を秘めたシステムです。店長が抱える業務の中で、最も負荷が高いのは従業員のワークスケジュール、つまりシフト作成や食材の発注です。

シフト作成を間違えて「すごく忙しいのに人が足りない」もしくは「暇なのに人がたく

さんいて人件費がかさんでいる」といった事態が起こったらどうしよう。また食材の発注が適切でなかったために品切れに陥る、もしくは廃棄量が増えてしまったらどうしよう。これらの決断にはかなりのプレッシャーがかかります。

もし需要予測の結果からスタッフの適正配置や発注業務、仕込み量などが算出され、それを元に自動でシフト表や発注業務ができたらどうでしょうか。店長の作業量と心理的な負担はだいぶ軽減されるはずです。

もちろん現状は精度を上げるために試行錯誤している段階で、１００％の自動化は無理だと考えています。ただ、８割程度でも自動で行えるようになれば、店長の仕事はだいぶ楽になるでしょう。

そして空いた時間を、お客様へのサービスや従業員とのコミュニケーションなど「人」に向けることで、よりよい店づくりができるはずです。

全体的にシステムは自前の運用をやめ、クラウド上で動くＳａａＳを利用しています。財務会計システムやＰＯＳシステムなどをＳａａＳに置き換え、トリドールでしか使えないシステムの仕様はなくしていく方針です。

今後は複数のＳａａＳ間のデータ連携を進め、自社のデータを一元管理するプラットフォームの構築までできたらいいと考えています。人と向き合う時間をより長くするため、そして食材やエネルギーのロスをなくして環境問題に対応するためのＤＸは、今後も積極的に進めていこうとしています。

7 採用難の時代への備えは、まず離職を減らすことから

この章の冒頭で少子高齢化により就業人口が減っていくという社会の変化についてふれました。その変化が進むと、今後さらに採用難の時代がやってくることは明白です。「そんな時代にも人を採用し続けられるだろうか」と思案する中で、「いかに人を採用するか」の前に「いかに今トリドールにいる人が働き続けてくれるか」を考えなければいけないことに気づきました。頻繁に人が辞め、そのたびに採用するこれまでの流れを変えて、人が長く働き、居続けてくれる仕組みをつくらなければ。しかし、そんなことが可能なのだろうか。

悩んでいた２０２２年12月頃、アメリカの家電量販店・ベスト・バイの元ＣＥＯが書い

た『ハート・オブ・ビジネス』（ユベール・ジョリー著、英治出版刊）という本を読みました。その本では、危機的状況にあったベスト・バイが、パーパス（企業の社会的存在意義）を定め、そのパーパスと人を中心に据えた経営に切り替えたことで、個々人が協働する人間らしい組織として生まれ変わり、業績がV字回復した軌跡が書かれていたのです。

特に私の心に刺さったのは、人のつながりを大事にして、一人ひとりが生き生きと働ける環境をつくることで、従業員が「信じられないパフォーマンス」を発揮したという部分。これがまさに、私がトリドールで目指していたことだったからです。本当に実践し、実現した会社があったのか、と気持ちが晴れていきました。しかも、ベスト・バイはECの台頭などで縮小傾向にある家電の小売業態でありながら、人を大切にすることで苦境を乗り越えた。その事実に強く背中を押されたのです。

トリドールの皆は今でも十分がんばってくれている。その上で、もっと個人が生き生きと働ける環境をつくれたら、働く人の幸福度を上げながら、会社もこれまで以上に成長できるのではないか。そんな期待を抱きました。

そこで、2022年3月に「KANDO開拓コミッティ」というプロジェクトを立ち上げ、働く人の幸せ・ハピネスについて考え始めました。そのKANDO開拓コミッティが主催で私が議長となり、経営改革の全体戦略立案をする「感動創造会議」を設定。その下に「トリドールホールディングス改革会議」や「ハピネス感動創造会議」といったチームを設け、議論を重ねてきました。

２０２４年からは全社を上げて、新たな経営改革に取り組んでいます。従業員の「ハピネス」が、お客様の「感動」を生む。その循環が常に生まれる組織を創ることを目指し、さまざまな施策がスタートしたところです。

8

離職率がこれからのトリドールの命運を左右する

２０２３年11月に開催した全社イベント「ALL KANDO CREATORS MEETING」では、まだ議論の最中ではありましたが、全国で働く社員の皆さんに直接メッセージを届けられる貴重な機会だと思い、その時までにまとまっていた内容をお話ししました。

今、私は、過去に味わったことがないほどの危機感を感じています。
今日は皆さまに、今私が感じていることを、そのままお伝えしたいと思います。

この日本においては、少子高齢化に歯止めがかかりません。人口は減り続ける一方です。
そして、コロナによって「飲食の仕事はしたくない」と考える人が増えました。
実際、トリドールも人を集めづらくなっていますし、人がどんどん辞めてしまうという現実が、今すでに目の前に突きつけられています。

では、どうするのか。少子化は止まることがないから、他の会社と同じように機械化に走り、省人化を目指すのか。

私は絶対にその道には行きません。なぜか。その道は、トリドールが歩む道ではないからです。

私は、他の会社の真逆に行きます。人が群がる会社にしていきます。言い方を変えると、人が群がる会社になることで初めて、トリドールは本物の感動創造業に進化することができるのです。省人化を目指す会社には不可能でしょうが、今まで人の力を信じてきたトリドールには、その可能性があります。

この可能性を引っ張り上げて、人が群がり、真の感動創造業への進化を実現させる唯一の方法は何か。

それは、トリドールで働くすべての人が幸せになることです。

ここにいる皆さま一人ひとり、店頭を支えてくださっているお一人お一人のパートナースタッフ、そして、今も世界中で活躍してくれている世界中の仲間たち。すべての人が、幸せになることです。

「幸せになる」と言うと、少し漠然としたものに聞こえるかもしれません。でも私は、漠然としたイメージで「幸せ」と言っているわけではありません。もっと具体的に表現するならば、皆さまが日々働いている一つひとつの店舗や職場が、一人ひとりにとって、かけがえのない居場所になることをイメージしています。

一つひとつの店舗や職場を、私達経営はもちろん、全員で力を合わせて、今よりもずっとずっと、心地よい時間が過ごせる場所にしていくこと。

私はそれこそが「幸せになる」ということだと、考えています。

（スピーチ内容抜粋）

ここでいう危機感とは、離職率がこれからのトリドールの命運を左右する、ということです。

離職率が高いと、人手が足りず忙しくなります。新たに人を採用するものの、忙しいと

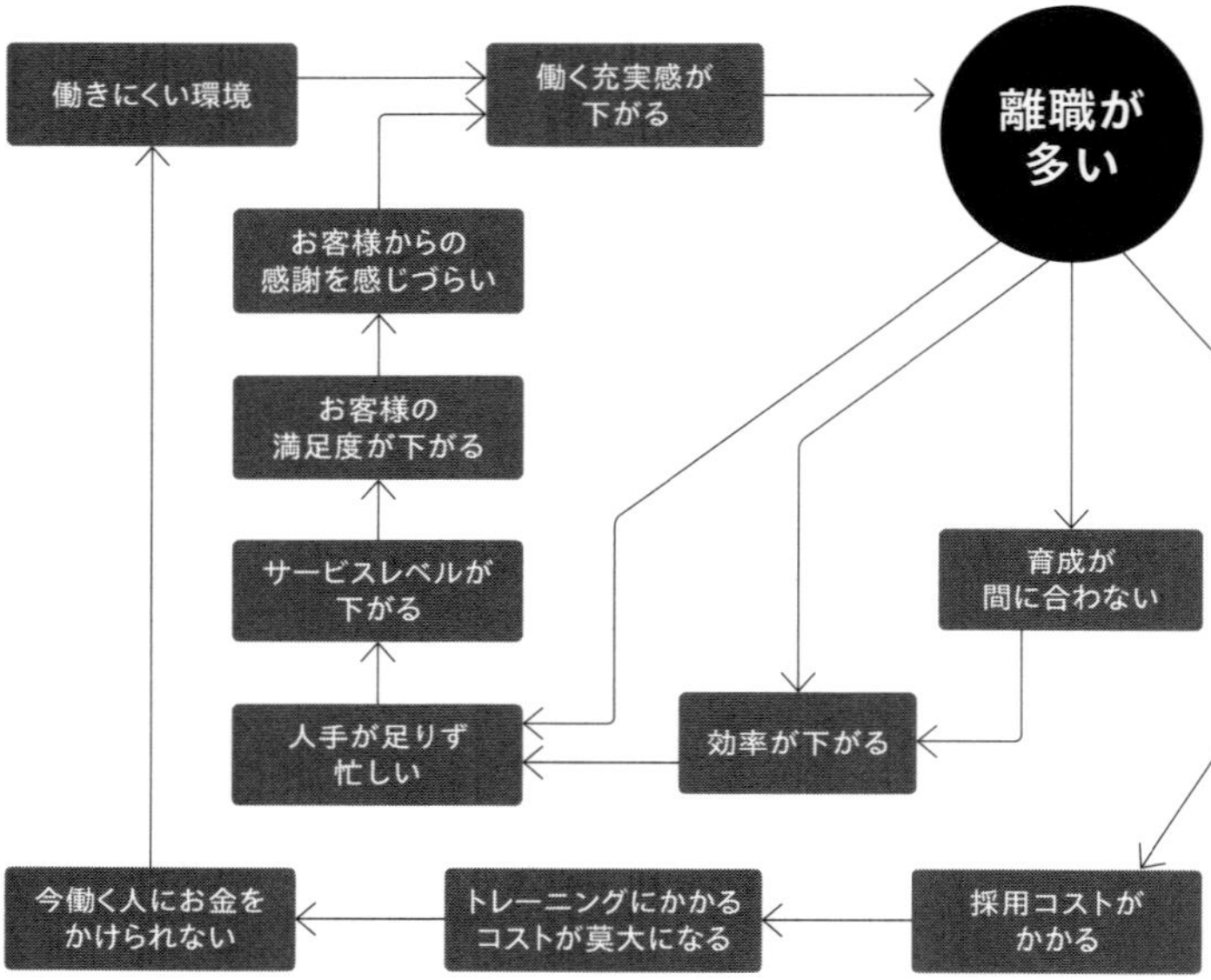

離職が多いことが、さらに離職を生む

育成が間に合わない。そうなると仕事の効率が落ち、さらに忙しくなります。そしてサービスレベルが下がり、お客様の満足度も下がり、結果的にお客様からの感謝を感じる機会も減少します。働く充実感も下がってしまいます。

さらに、離職率が高いことで採用コストがかさみ、トレーニングコストも莫大にかかります。そのため現状働いている人にお金がかけられなくなり、勤務環境や条件が悪くなる。そこからまた離職につながってしまいます。

しかし、離職が減れば、熟練した

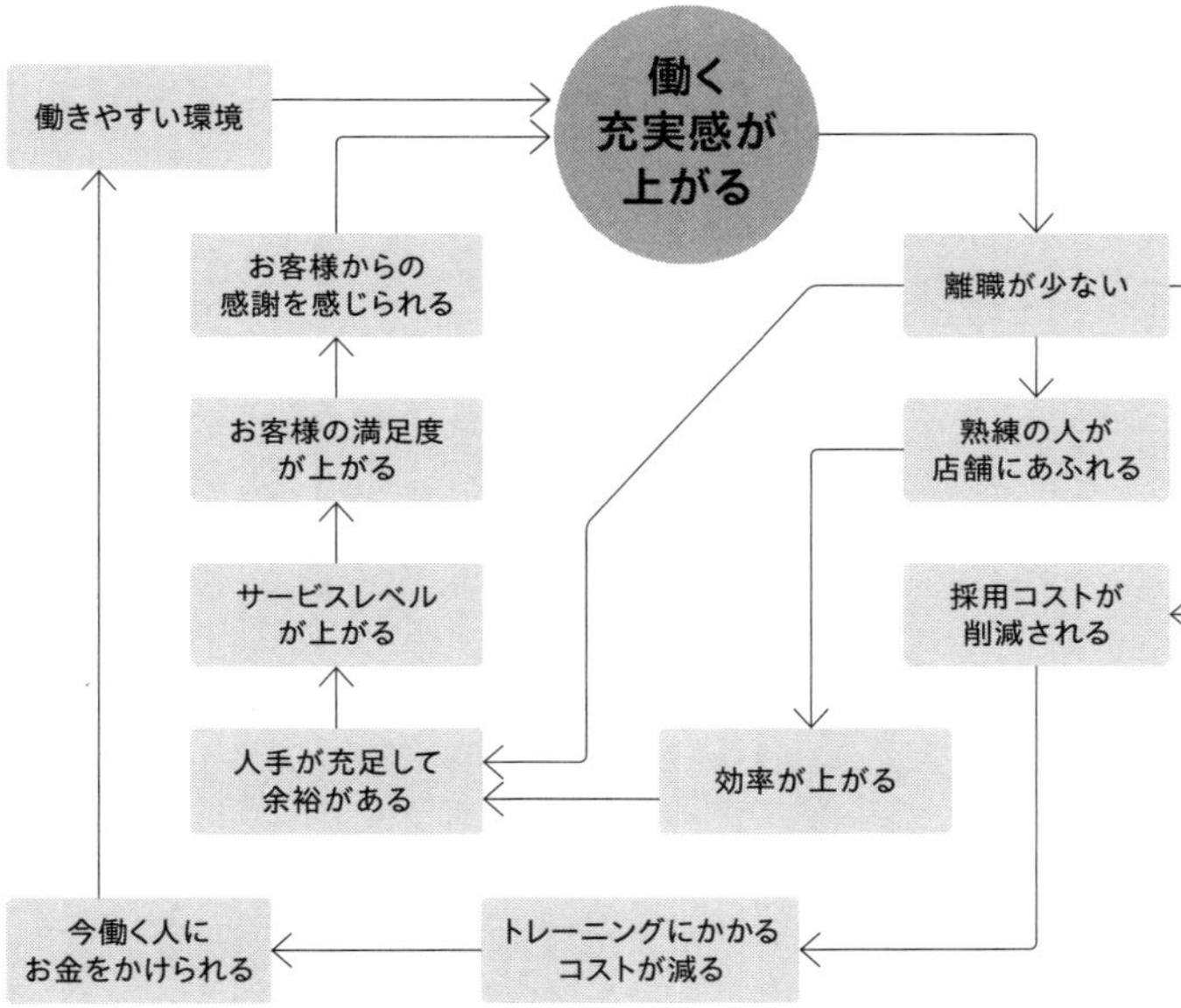

離職が減れば、働きやすい環境が自然と整っていく

人が店舗にたくさんいるため、仕事の効率が上がります。人手が充足しているので余裕があり、サービスレベルも上がり、お客様の満足度も上がります。そして、お客様からたくさん感謝されることで働く充実感が上がるのです。採用コストやトレーニングコストも削減されるため、今働く人にお金をかけることができ、働きやすい環境が整っていきます。結果的に、さらに離職が減るという循環が生まれるのです。

トリドールが運営する店は手仕事が多いため、人が頻繁に辞めていくと技術が蓄積されず、サービスレベルが落ちてしまいます。結果として、感動体験という我々の一番の強みがなくなってしまうのです。しかし、人が長く働いてくれたら、技術も高まり、結果的に顧客満足度も高まります。これが何年も続けば、離職率が高い状態が続いた場合に比べ、大きな差が出てくるでしょう。

今、トリドールの離職率は高いと言わざるを得ません。外食業界の全体平均と変わらないくらいですが、もともと外食業界は他業界に比べて離職率が高いのです。

そんな中でも、例えばスターバックス コーヒー ジャパンの離職率は業界平均よりも低いと言われています。やはり、離職率は働く人のエンゲージメント（愛着、誇り、思い入れ）によるのではないでしょうか。働き方や条件も影響するとは思いますが、スターバックスで働く人達はきっと、スターバックスで働く自分が好きだと思えている。ここで働くのは格好良い、という感覚がある。ここが大事なのです。

トリドールが目指すのは「格好良い」ではないかもしれませんが、「ここで働いている自分が好き」と思えるような環境はつくれるのではないかと考えています。

9 「働く人の幸せ」を独自にモデル化

この経営改革の内容を具体化していくまでには、さまざまな議論がありました。他社の事例も研究しながら感動創造会議のメンバーで何度も話し合い、トリドールが考える「ハピネス」とは何かを徐々につかんでいきました。こうして生まれたのが「TORIDOLL ハピネスモデル」（次ページ）です。

「トリドールで働く人が幸せになるには」と考えた結果、4つの要素が浮かび上がってきました。それは「安心感」「繋がり感」「貢献実感」「誇り」です。これらがあることで、トリドールで働く人は幸せを実感できるのではないかと考えています。

言い方を変えるなら、この4つがあることで日々働く店舗や職場がかけがえのない居場所になる、というものです。仕事に行くのが億劫ではなく楽しみになるような職場。仕事がなくても仲間の顔を見にふらっと立ち寄りたくなる、そんな場所をつくりたいのです。

結局、この経営改革は「店（職場）を大好きになる」ことが一つのゴールなのだと考え

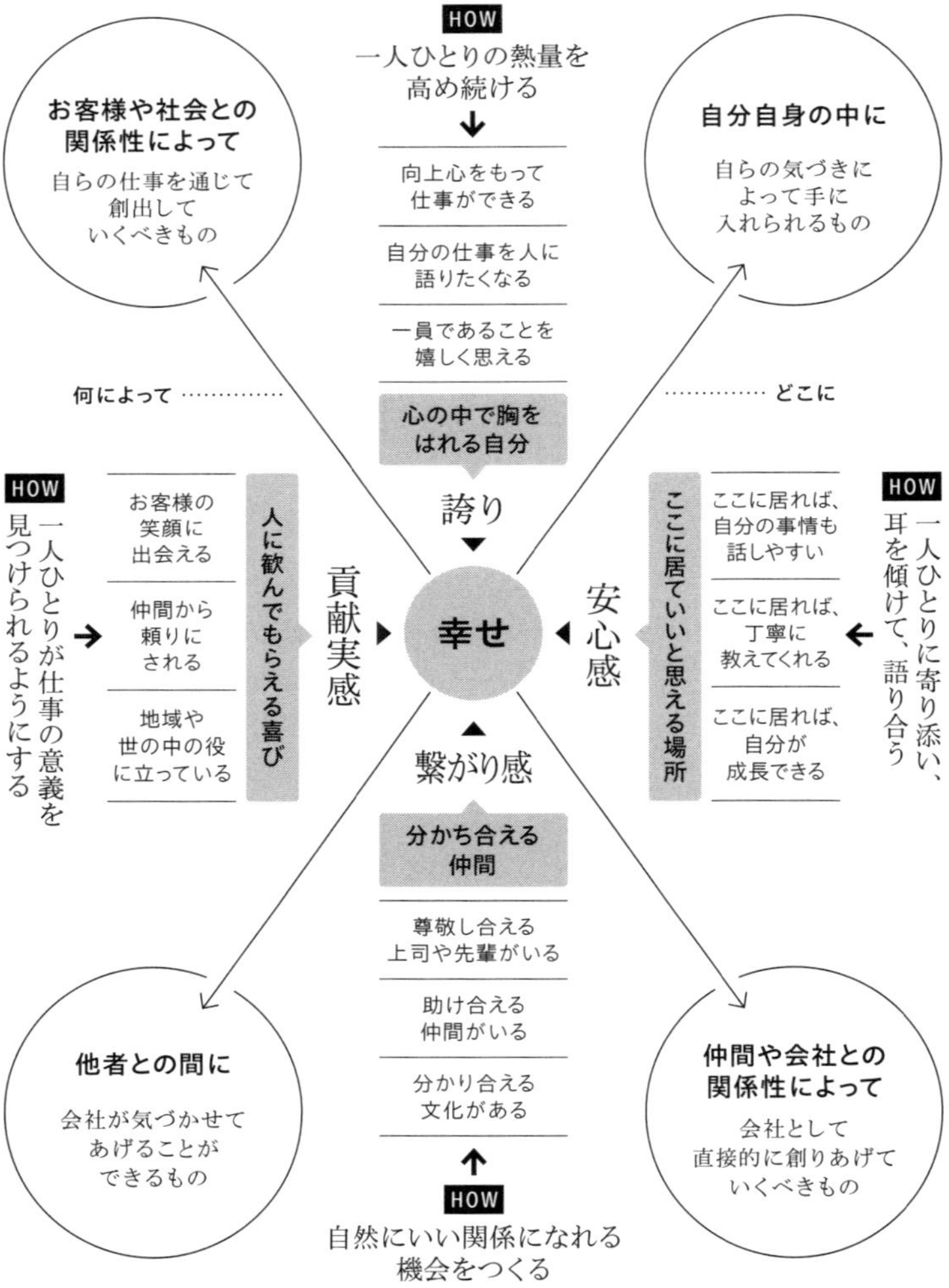

TORIDOLL ハピネスモデル

ています。店が集まり、会社となって、トリドールグループが形成されている。だからこそ、店単位で幸せを実感してもらうことが大切なのです。どこまでいっても店は我々の中心的な存在です。

このハピネスを実現するための具体的な施策の中でも、特に重要なのは店長の働き方改革です。店長は店の要。まず店長に幸せになってもらわないと、いい店にはなりません。店長は月に決まった日数しっかり休みをとれて、休みの日には連絡も来ずゆっくりできる仕組みを整える。当たり前のことのようですが、飲食店の店長はそういった環境がなかなかなかったのです。

また、店長にいくらか自由に使える予算をもってもらいます。このお金でスタッフの誕生日を祝ったり、店の皆で集まる時のお菓子を買ったりできるのです。幸せの要素の一つである「繋がり感」につながれば、と考えています。

丸亀製麺の店舗では、事務所・スタッフルームを広くするという施策も進めています。老朽化した店舗を改装する際、客席を少し減らしてでも事務所を広くする。今まで事務所をモノ置き場のようにして積み込んでいた包材などは、倉庫を別に設置して移動する。飲み物などを冷やせる冷蔵庫を置くようにした店もあります。こうして、従業員皆がくつろげるための快適なスペースをつくろうとしているのです。

店で働いている人は、お客様の前では基本的に仕事のやり取りしかしません。でも事務所では、プライベートな話をしたり、聞いたりして、一緒に働く仲間の人となりを知れたらいい。自分の好きなものや嫌いなもの、価値観などを知ってくれている人がいて、いろいろと気にかけてくれたら、幸せの要素である「安心感」が生まれます。

私も個人経営をしていた創業期は、社員やアルバイトスタッフのことをよく知っていました。それは、仕事が終わった後に、店でいろいろな話をしていたからです。話した時間が長ければ長いほど、関係は密になっていきます。そして、信頼が生まれます。

信頼関係が構築できると、お互いの事情を汲み、助け合うようになります。私は彼らが働きやすいように調整しましたし、逆にアルバイトスタッフがこちらを助けてくれることもありました。「新店を出したいけれど、任せる人がいない」と困っていたら、大学を中退して社員になると言ってくれたアルバイトスタッフもいました。それを聞いた親御さんに怒られ頭を下げたのも、今では懐かしい思い出です。

パートナーさんから店長になり、今は社員として働いている方は、店を我が城のように思っている方が多いと感じます。自分の店で働くスタッフのことをよく知っていて、店への思い入れが強い。そうした店長の店は、売上もいいのです。チェーン店であっても、店長がそんな店主感覚を持った店をどれだけつくっていけるかがポイントになると思います。

10 給与システムを変え コミュニケーションアプリを独自開発

報酬制度も変えていきます。まずは２０２４年定期昇給（定昇）とベースアップ（ベア）を合わせ約10％アップしました。今後は賞与も上げていきたい。

パートナーさんに対しても、勤続年数が上がるほどに時給も上がっていくよう、給与システムを変えていきたいと考えています。5年、10年と長く働く方を増やしたいからです。

ここからは人の幸せに原資を振り分けていきます。はじめのうちは利益が落ち込むかもしれませんが、それを上回るリターンがあると考えています。

もう一つ大きな施策として「ハピ↓カン！コミュニティ」の開発があります。これは、ハピネス創造と感動創造の２つが刺激されるような従業員コミュニケーションアプリです。はじめは社員から導入し、その後はパートナーさんも使えるようにしていきます。

目的の一つは情報共有です。全員が同じ情報を共有することで、連帯感が生まれます。特にパートナーさんはこれまで、会社の動きについて知る機会があまりありませんでした。これからは、どこでいつ新店がオープンするのか、トリドールではどんな施策を行っているのか、お客様からどんなお褒めの言葉があったのか、といったことをタイムリーに知ることができます。また、情報を受け取るだけでなく、ホールディングスに意見を送りやすくなります。

私はこのアプリで、日記を配信するつもりです。これまでは社内向けチャットツールに投稿していたのですが、パートナーさんはもちろん、全社員にも届いているとは言えませんでした。アプリによって、もっと多くの方に読んでいただけるようになるでしょう。

日記には、なぜトリドールを創業したか、なぜこういった業態をつくったかなど、沿革に関連したその時の思いを書いています。また、最近行った飲食店での感動体験なども綴

従業員コミュニケーションアプリ「ハピ→カン!コミュニティ」

っています。ここから、私が店を見る視点や考え方、どういった思いを持っているのかを共有していきたいのです。

11 ホールディングスと各事業会社の間の距離感を解消する

従業員の「ハピネス」とお客様の「感動」創造を推進する中で、避けては通れない課題が一つ浮かび上がってきました。各事業会社とトリドールホールディングスとの距離感です。経営改革を進めるに当たって、各事業会社の社長や幹部にヒアリングをしたところ、ホールディングスに対する要望や不満が多く寄せられました。信頼できないホールディングスの元で事業運営することは、幸せな働き方とはかけ離れていると言えるでしょう。

トリドールがホールディングス制となったのは2016年。新たな飲食ブランドを立ち上げて、それがある程度の事業規模になったら分社化をしています。現在、トリドールホールディングス直轄の事業はありません。国内の小さな業態もトリドールジャパンという会社に紐付けています。

それぞれを会社にすることで、競争相手であり、なおかつ共同体でもある高め合う関係性が構築できていると感じています。それぞれの社長、リーダーが各々のブランドに責任と愛着を持って運営するからこそ、全ブランドが成功するのです。

しかし分社化は正しかったものの、7年以上経ち、少しずつ各事業会社とホールディングスの間に距離ができてしまったのかもしれません。自分自身は現場の店舗をよくまわっており、溝があるとは感じていませんでしたが、ホールディングス全体としてはそうではなかった。各事業会社からホールディングスに対しての厳しい意見は、その表れでしょう。店舗があるからこそ、トリドールホールディングスがあるということを、改めて認識しました。

これからのホールディングスは統括会社ではなく、サポートセンターになっていくべきだ。そう考えて、改革を進めています。すべての部門が、店舗が営業しやすいように動く。現場に寄り添う経営をしていくべきなのです。

具体的には、ホールディングス内に国内事業支援本部を新たに設置し、現場から上がってくる要望・課題に対してスピーディーに対応できるようにしました。これまでは、問い合わせがあっても対応が遅れてしまうことがあったのです。それは、現場から見ると誠意がないように見えたでしょう。今後は仕組みを整え、対応策が取れないときでも、返事はすぐにできるようにしていきます。

また、情報を開示して全体を見える化することも重要です。ホールディングスが何をしているのか、何に費用を使っているのか、事業会社がすぐわかるようにします。

これらの改革はすべて、働く人が幸せになるために行っています。ハピネスの原点は信頼にある。私はそう考えています。だからこそ、ホールディングスと事業会社の間に信頼関係を築くことが急務なのです。

12 CX（顧客体験価値）とEX（従業員体験価値）は表裏一体

トリドールが目指すのは、「働く人の幸せ」を原動力とした利益創出モデルです。

2022年まではお客様の感動こそが成長の源泉であり、「感動体験を磨き上げることでより成長できる」と考えていました。しかし、そこからもう一段深く掘り下げたところ、「感動を生み出す人の存在こそが大事である」と気づき、経営全体の改革と改善に着手することになりました。トリドールで働く人の幸せ、それが成長のエンジンとなるのです。

働く人に幸せを感じてもらうことで、内発的な動機が生まれ、自らお客様の感動のために動くようになる。ハピネスがない状態で会社から「感動を生み出せ」と言われても、報酬などのために多少はがんばれるかもしれませんが、長くは続きません。そして離職してしまいます。

内発的動機の大切さを考える時、私はディスカウントストアのドン・キホーテのことが頭に浮かびます。ドン・キホーテでは、仕入れや売り場の作り方を従業員に任せ、画一化したチェーンストアとは逆の個性的な店づくりをしています。ドン・キホーテを創業した安田隆夫さんは、仕事を「ワーク」ではなく「ゲーム」として捉えるよう社員に伝えている、という記事を読んだことがあります。従業員は「ゲーム」感覚で、自発的にどうやったら物が売れるか考えて、工夫をしているのでしょう。

経営としては属人性が高すぎて非効率だと思われるかもしれませんが、ドン・キホーテを傘下にもつパン・パシフィック・インターナショナルホールディングスは確かに業績を伸ばしています。

こうした例を見ると、人の内発的動機を信じて、従業員に任せるやり方は間違っていな

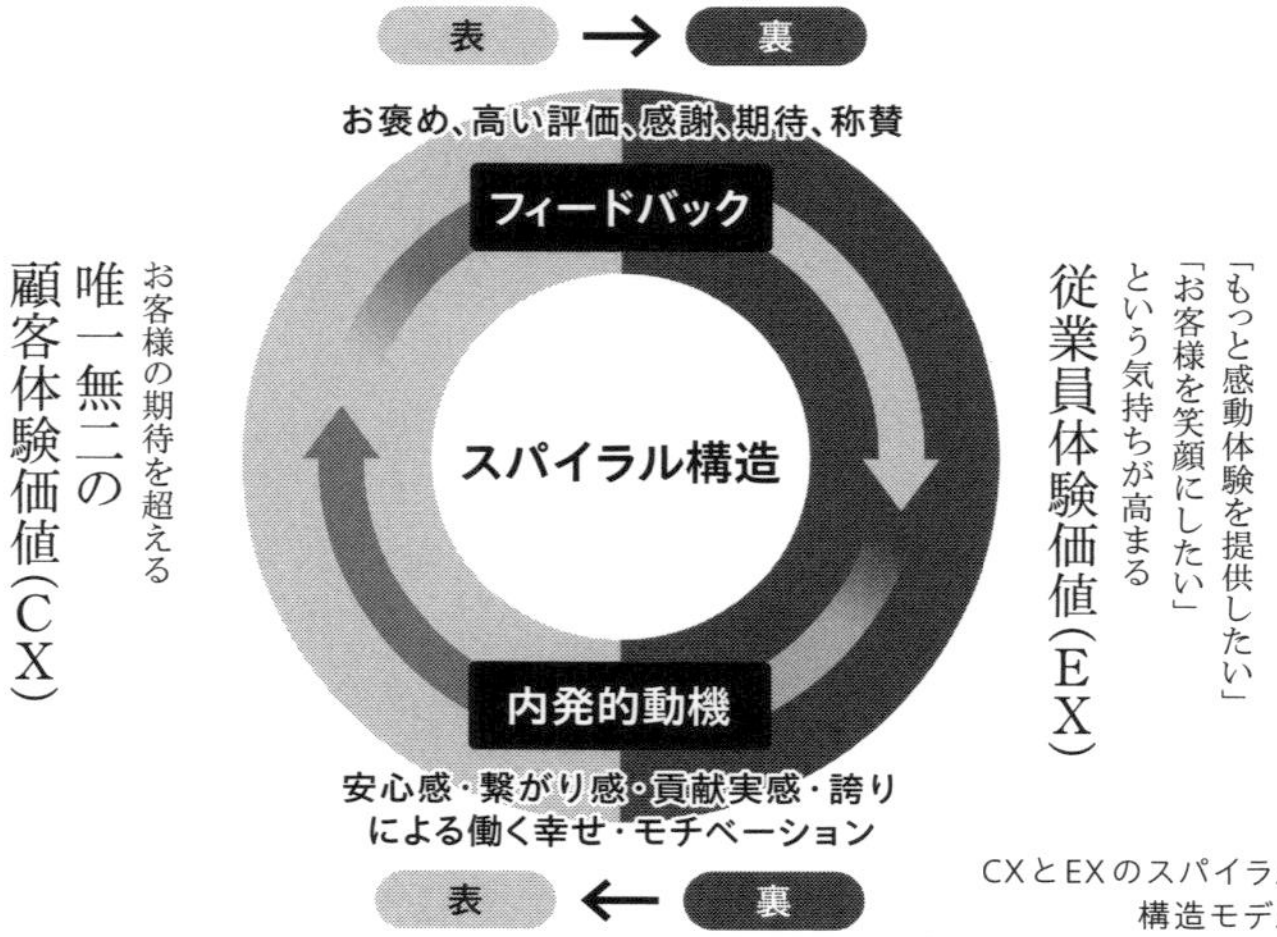

CXとEXのスパイラル構造モデル

い、と思えるのです。

このモデルでは、「ハピネス創造」と「感動創造」を経由して、最後に「利益創造」を置いています。決してハピネスさえあればいいというわけではなく、従業員のハピネスが感動を生み、それが唯一無二の顧客体験価値（CX）となって利益が生まれるというつながりが必要なのです。

そして、利益が出れば、それが還元されて従業員のハピネスが増えるという循環構造になっています。そうして螺旋を描くように成長していくのです。利益が生まれなければ、単発で終わってしまいます。

このモデルを実践することによって、働く

人の幸せが成長の原動力となることを証明したいと考えています。売上目標も設定はしますが、その優先順位はハピネスよりも低い。一時的には利益率が下がる可能性も覚悟しています。それでも結果的に大きく成長できるはずです。

これは非常に難しい挑戦だと感じています。しかし、実践している企業もあります。先述のベスト・バイ、スターバックスもそうです。これらの先達がやってきたことをTORIDOLL ハピネスモデルに当てはめ、自分たちは何をすべきなのかを考えています。

13 可視化と数値化を徹底し、成長モデルを確立していく

この挑戦が精神論で終わらないよう、マーケティングチームではハピネスや感動体験を数値化して分析する試みも始めています。

ハピネススコアは、ＡＩを用いたインタビューツールを通じて本音を引き出し、数値化する準備をしています。これによって、エリア、店舗、チーム、個人単位での分析が可能になるのです。分析結果から、「この店舗は〝繋がり感〟の値が低いからスタッフ全員で

集まるイベントを企画する」「この人は〝誇り〟の値が低いからお客様と直接触れる機会を増やす」といった、ピンポイントでのスコア改善の施策を提案できるようになると考えています。

丸亀製麺では、お客様のお食事直後の感情や評価を、直感的に回答できるアンケートから「丸亀感動スコア」というスコアで算出しています。これは、うどんのおいしさをどのくらい感じてもらえているか、どのくらい感動したかといったパーセンテージや、お食事体験後の気持ちや良いと思ったポイントなどを知ることができるものです。

ハピネススコアと感動スコアの相関を解析し、ポイントとなるキードライバーを解き明かして、業績との関係性を可視化するのが目標です。

丸亀製麺の1号店をオープンしたのが2000年。そこからずっと我々は、感動を軸に経営をしてきました。2024年からは働く人の幸せというエンジンに火を付け、トリドールの成長はさらに加速していくでしょう。

トップダウンでやっている限りは、力尽きることもある。でも、従業員一人ひとりが内発的な動機で動けば、止まることはありません。人が潜在的に持っている力は大きく、私はその可能性を信じています。全員がそれを発揮できる環境がつくれたら、予想もつかない未来がひらける。そんな期待に胸を膨らませているのです。

この挑戦はまだ始まったばかりです。うまくいくかどうかは先になってみないとわかりません。ただ、もしこの経営モデルに普遍性があるならば、小売を含めた店舗形態の事業者の長年の悩みが解決に向かう可能性すらある、と考えています。

これらの人に関する取り組みは、早くても5年後に花咲く話だと思っています。5年後、人口減はさらに進んでいる中で、他の会社は採用に困っているが、トリドールにはいい人材が揃って一人勝ちする。必死に人を集めなくても、「ここで働きたい」と店や会社に人が集まってくる。そういった状態をつくるため、今まで飲食業界では誰も進んだことのない道へ進もうとしているのです。

COLUMN 1

丸亀製麺　山口寛社長インタビュー

丸亀製麺を感動体験の舞台にする、現場の取り組み

丸亀製麺の店長からマネージャー職を経て、2020年より株式会社丸亀製麺の代表取締役社長を務めている山口寛氏。社長となった今も、本社に出社するのは週2日だけ。残りの日々は全国各地にある丸亀製麺の店舗を自ら見て回り、現場のスタッフと会話することに費やしている。山口社長は、トリドールが目指す「感動体験」を現場からどう生み出そうとしているのか。

山口寛

株式会社丸亀製麺　代表取締役社長

大阪府出身。アミューズメント企業勤務を経て、2008年トリドールに入社。店長やマネージャーを経験した後、店舗運営改善業務の任に就く。その後、複数店舗を統括するチーフマネージャー、関東営業部部長、本部長を歴任。2020年、分社化し子会社となった株式会社丸亀製麺の社長に就任。丸亀製麺の初代「麺職人」でもある。

「楽しくなさそう」の一言で変わった、仕事への向き合い方

私は2008年、トリドールに入社しました。26歳の時でした。その前はアミューズメント関係の企業で働いており、「もっと人に喜んでもらえる仕事がしたい」と思って転職活動をしたのです。

トリドールのことは、転職活動を始めてから知りました。まだ丸亀製麺の店舗数も全国150店舗くらいで、家の近くにはありませんでした。「面接を受けるなら」と初めて丸亀製麺に行き、衝撃を受けました。それまでうどんといえば、きつねうどんやわかめうどんなどしか食べたことがありませんでした。釜揚げやら釜玉やら見たこともないメニューがあるし、何より味と食感がいい。「うどんってこんなにおいしいものなのか」と感動しました。

その後、粟田さんと面接して、入社を決めました。その時の粟田さんの印象は、「よく喋るおっちゃん」。「500、1000と店を出したいんや」と未来の話をしていたことと、商売について楽しそうに話していたのを覚えています。

入社後は研修を受けて、店長からスタートし、3年半くらい店長職をやっていました。

その時代に、考えが大きく変わる転機となる出来事がありました。パートナーさんに「店長って仕事楽しくなさそうですね」と言われたのです。自分としては楽しくやっているつもりだったのですが、振り返ると、頭の中にあったのは提供スピードや売上を上げることばかり。笑顔もなくなっていました。「人に喜んでもらいたい」とトリドールに入ったのに、数字だけを追いかけて自己満足していたのではないか、とハッとしました。

この気づきをきっかけに、すべてのことを「どうしたらお客様に喜んでもらえるか」という視点で考えるようになりました。

翌日から始めたのは、お客様と積極的にコミュニケーションをとること。例えば、うどんが茹であがったら「茹でたて出しますね」と声をかけ、天ぷらについて「何か揚げましょうか」と伺ったりする。また、新商品の調理講習で作った試作品を、小分けにしてお席までもっていき「1週間後から発売になる新商品なんです」と手渡ししていました。これは宣伝ではなく、あくまでお客様と話すきっかけにしたいと思ってやっていたんです。これは現在「試食会」という名前で、近畿と西日本エリアのほぼ全店で実施されています。

この頃から、「毎日違うことをしよう」と考えるようになりました。ずっと同じことをしていると、日々の業務がルーティーン化して、「ｍｕｓｔ」で埋まってしまう。そうなると、おもしろくないですよね。だから、毎日違うことをして人を喜ばせようと考えたのです。これは、お客様に対してはもちろん、パートナーさんに対してもそう思っていました。

栗田さんもよく「それ、おもんないな」と口にします。例えば新しく店をつくる時、ショッピングセンターのフードコートの出店などだと、すでに決まっている形があるのでそれに従って計画するのですが、見せると「おもんないな」と言われる。路面店で一から店舗をつくる時も、既存店と同じ図面だと「おもんないな」。

これは、「毎回新しいことに挑戦してほしい」というメッセージだと受け取っています。だから、「今回は何をやろう」と悩んでアイデアを絞り出すんです。「おもんない」とお客様の心が動かないのは確かです。お客様の期待を超えてはじめて「おもろい」に到達する。だから、考えるしかないんです。

マネージャー職時代に、羽田空港の店舗を売上日本一の店舗へ

店長職の後はマネージャー職を務め、後に丸亀製麺全体の店舗運営改善業務に携わっていました。スタッフが足りない店やお客様からのご意見が多い店に出向き、立て直すという業務です。その時代に担当した店の一つが羽田空港内の店舗です。

私が行ったときは月商１６００万円くらいで、そこまで売上の高い店ではありませんでした。まず手をつけたのは、人集めです。羽田空港は近くにお住まいの方がいないので、採用が難しい。最初はどうしても人を集めたいので、時給を上げる、期間給を出す、といったことをして募集をかけました。

人が集まって店舗の状況が改善してから、店の改装を行いました。改装はお客様が使いやすい店とはどういうものか、といった観点から進めるようにしています。羽田空港店の場合は、フライトまでの隙間時間に来るお客様が多いので、動線を整理してお席に着くまでの歩数を減らすような改装をしました。トッピングを置く場所を増やしたり、お冷のピッチャーをテーブルに設置したりと、より便利にお使いいただける工夫も行いました。そうすることでお客様にスムーズに食事していただけるようになり、回転率が上昇。月商が

２０００万円まで上がりました。しばらくしてから2回目の改装を行い、それによって月商は３０００万円まで上がり、日本一の店舗になったのです。

このような店舗の改善でまず取り掛かるのは、人集めです。丸亀製麺は調理も接客もすべて人の手で行っていて、通常の飲食チェーンよりも手間と時間をかけています。だから、人がいないと良い営業はできないんです。でも、人が足りないということは待遇に問題があるということ。まずは休みをしっかりとれるようにするなど待遇改善を図る必要があるし、勤務環境も変えていかなければなりません。それによって、一時的には売上や利益が下がることもある。「それでも人を集めるんだ」と覚悟して、やり切ることが大事です。

そして採用しただけでなく、そこからしっかり育てていく。従業員の方々にも「皆の勤務環境を良くするために人を増やしているので、新しい人が入ったら大事に育ててくださいね」と伝えて、育成に前向きになってもらえるような働きかけも同時にしていきます。

全員が接客して全員が調理する　それが丸亀製麺

本部長だった時に、粟田さんが「山口が次の社長やから」と言っているのを聞きました。

私は「冗談やろな」と思っていたんです。でも何度も言われるうちに、途中から「俺、社長になるんだ」という自覚が芽生えてきました。

2020年に社長になってから、丸亀製麺が掲げる「感動体験No．1」を目指すベースとなる「丸亀マインド」を制定しました。丸亀製麺で働く人に体現していただきたいことを言語化し、ポスターにして従業員スペースに貼り出しています。

「人の喜びに一生懸命になれる人でいっぱいにし、丸亀製麺を感動体験の舞台にする」。これが基本の考え方です。丸亀マインドは、従業員にとって行動指針であり評価軸でもあります。

トリドールのスローガンやミッション、ビジョンについては、社員の目線を揃えるところから始めて、店長、パートナーさんと徐々に浸透させていくことが必要だと考えています。ポスターやメディアでの発信などさまざまな手段で伝えていくことも大事ですし、何より、人が直接話して伝えていくことが一番効果的だと考えています。昨今の世の中には「メッセージ動画を撮ってそれを見てもらえば早い」という風潮がありますが、私達はそうしない。努力を惜しむことなく、対面で時間をかけて伝えていくつもりです。

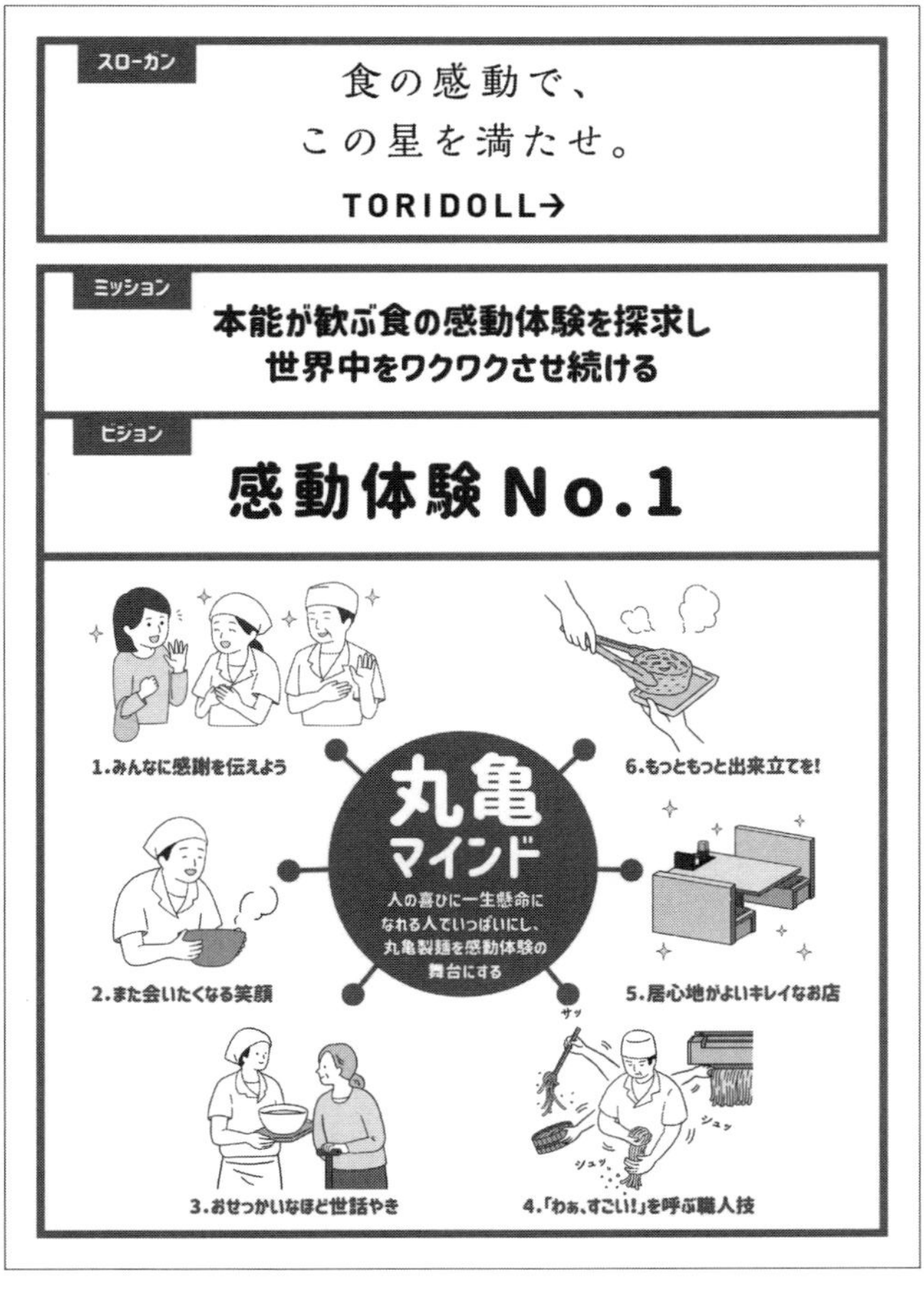
スローガン
食の感動で、
この星を満たせ。
TORIDOLL→
ミッション
本能が歓ぶ食の感動体験を探求し
世界中をワクワクさせ続ける
ビジョン
感動体験No.1
丸亀
マインド
人の喜びに一生懸命に
なれる人でいっぱいにし、
丸亀製麺を感動体験の
舞台にする
1.みんなに感謝を伝えよう
2.また会いたくなる笑顔
3.おせっかいなほど世話やき
4.「わぁ、すごい!」を呼ぶ職人技
5.居心地がよいキレイなお店
6.もっともっと出来立てを!
サッ
シュッ
シュッ

従業員スペースに貼り出している「丸亀マインド」のポスター。

「丸亀製麺の店舗は一つの舞台である」というのは、「どういう店をつくりたいか」という店長クラスのワークショップで出てきた考え方です。丸亀製麺では、全員が調理して全員が接客しています。通常の飲食店であれば、調理担当者は裏側に引っ込んでいてお客様からは見えないことが多いと思います。でも、丸亀製麺はオープンキッチンで、すべての調理担当者の前をお客様が通る設計になっている。丸亀製麺で働くということは、お客様と一緒に舞台に上がるということなんです。丸亀製麺は、食べておいしいだけでなく、調理シーンを見る楽しさなど五感で味わう体験ができる場所。飲食店の中でも、少し特殊な店だと思います。

丸亀マインドが少しずつ従業員の中にも浸透し、お客様からお褒めの言葉をいただくことが増えたと感じています。お客様の声はご意見の投稿フォームやコールセンターへのお電話でいただくことが多いのですが、店舗でお客様から直接お声がけいただくこともありますし、お手紙をいただいたこともありました。そうしたものをすべて含めると、1年前に比べて2倍、3倍とお褒めの言葉が増えているのです。それを受け取ることが、従業員の成功体験になっているのだと思います。自分の行動でお客様が喜んでくださっていることとが実感できると、「次は何をしよう」と考え、実践することでまたお褒めの言葉がもらえる。そうした好循環が生まれることを期待しています。

週の半分以上は各地の店舗を巡って従業員と会話する

社長といっても本社に行くのは週2日だけで、残りは全国各地の丸亀製麺の店舗を巡るようにしています。コロナ禍以降、オンラインミーティングも一般的になりましたし、丸亀製麺でもTeamsなどのデジタルツールを導入しました。でも、やはりオンラインのやり取りだけでは伝わらないことがあります。他の店舗でやって良かった施策を他店で導入する時も、実践した人から直接聞くのと、文書にまとめられた成功事例を読むのとでは、納得度や理解度が変わります。直接話せば細かいニュアンスも伝えられるし、その場で新しいアイデアが出ることもある。それで、従業員のやる気がアップするんです。

初めて会う店長さんの店に行った時は「はじめまして」と挨拶することから始めて、商品や店の雰囲気などについてフィードバックします。また、丸亀製麺は限られた店舗で新商品や限定商品の検証販売をしています。そういう店にはなるべく足を運び、注文して実際に食べます。多い時は1日に5、6店舗回るので、毎回食べていると途中で満腹になるのが悩みです。

でも、その店のうどんを食べられるのも現場に行くメリットの一つですし、やっぱり直接話すと相手のモチベーションも上がるのです。私は店舗の表彰も、必ず該当店舗に行っておめでとうと伝えるようにしています。そうすると、店舗のスタッフがすごく喜んでくれるのです。賞品や表彰自体よりも「わざわざ来てくれたこと」に対して喜んでくれていると感じます。

また数年前から各地で月2、3回のタウンミーティングを開催し、現場の社員との接点を増やしています。タウンミーティングではエリア内の複数の店舗から、店長や店長候補の方々10から15人ほどに集まってもらっています。

メインのプログラムは参加者全員で議論すること。私が一方的に話すのではなく、座談会形式で皆に話してもらうのです。「人が辞めない店」をどうつくるかは、議論しがいのあるテーマです。離職が一人もいなく、1年間まったくメンバーが変わらない店。そんな店も数は少ないけれどあります。そうした店は大抵、一人ひとりの従業員に固定のお客様がついていたりする。食事をしに来ているのか、おしゃべりしに来ているのかわからないくらいのお客様もいます。こうなると、うどんだけでなくコミュニケーションも楽しめるので、お客様の満足度も高くなる。従業員満足度を高めて、長く働いてもらうことが、最終的には丸亀製麺のプラスになることの一例です。

「感動創造企業」と考えるから次の構想が生まれる

今後飲食業界はさらに人手不足が深刻化すると予想されていますが、丸亀製麺は人が集まる会社にしていきたい。社員やパートナーさんが長く働ける待遇・環境改善や、パートで働く従業員の正社員化などはもちろん、おもしろいことをやっている会社だと知ってもらうことが大切だと考えています。

例えば、丸亀製麺では以前から、うどんの手づくり教室を各店舗で開催してきました。その体験特化型の施設を２０２３年11月に東京・立川にオープンしたのです。これは丸亀製麺にとって、初めての飲食業以外の施設です。今後は、こういった施設を増やしていくと共に、うどんの原料となる小麦の収穫から体験できるような、「丸亀製麺の村」をつくろうと構想しています。うどんを起点としたさまざまなビジネスに取り組める会社であることを、示していきたい。

また、体験価値を提供してお客様に感動していただくという、丸亀製麺の基本の商売もとてもやりがいがあるものです。私は他の飲食企業に入社していたら、ここまで長く続かなかったのではないかと思います。自分なりのサービスで、お客様が感動してくださる。それを目の前で感じられたことが、ここまで長く働き続けられた理由なのです。

食事を提供しているだけではなく、体験価値を提供しているのが丸亀製麺、ひいてはトリドールという会社です。これからはさらに、飲食の会社から感動創造企業へと発展して、これまでの飲食企業では考えられなかったようなチャレンジをしていきたいです。

第5章

言葉で「勝ち筋」を明確にする

「感動体験」で外食を変える

丸亀製麺を成功させたトリドールの挑戦

1 企業の成長に合わせ、数年ごとに理念を刷新

「食の感動で、この星を満たせ。」

これは2022年5月に制定したトリドールのスローガンです。「世界中」ではなく「この星」としたのは、国境を意識しないくらいの大きな視点で、過去の常識や価値観にとらわれずに食の感動を広げていきたいという思いからです。これから先、市場や時代が激しく変化しても、北極星のように我々が目指す先を示してくれる。そんな言葉がスローガンなのです。

トリドールが初めて経営理念を掲げたのは、店舗数も従業員も急激に増えつつあった2000年代半ば。皆の向かう方向を統一する必要があると考え、会社としての考え方を明確化しました。

トリドールの存在意義は「大衆性」「普遍性」「小商圏対応」。そこから、「**ひとりでも多**

くのお客様に（＝大衆性）**いつまでも愛され続ける**（＝普遍性）**地域一番店を創造してい**
こう（＝小商圏対応）。」という経営理念をつくりました。

ターゲットを絞らないことを「ひとりでも多くのお客様」と表現し、トレンドを追いかけるのではなく普遍的な成長を目指すことを「いつまでも愛され続ける」としました。さらに我々が目指すべきは、いつでもお客様で賑わっている繁盛店です。その思いを「地域一番店を創造」と表現したのです。経営理念と言うと大仰ですが、創業以来私が常々言っていたことでもあります。

この頃の我々は鳥インフルエンザの流行を経験し、ショッピングモールのフードコートを始めとして丸亀製麺の出店に本腰を入れていました。焼き鳥屋がメインだった時期は流行を取り入れたり、特定の客層に受ける業態を開発したりして、ヒットを狙っていた。でもこれからは老若男女あらゆる年代・属性のお客様に、日常的に来ていただける店を出す会社になろうと決めたのです。

経営理念という言葉にすることで、従業員にわかりやすくそのことを伝え、企業文化を切り替えようとしました。

次はＭ＆Ａで海外の業態を拡張しつつあった２０１５年に、経営理念を刷新。「すべては、お客様のよろこびのために。」という意味でミッションを「Simply For Your Pleasure.」としました。

２０１９年には、変化の激しい時代においてお客様に感動を届けるために、新たな価値を探求し、創造し続けるという意味で「Finding New Value.」というフレーズを追加しました。「すべては、お客様のよろこびのために。」だけではどうすればよいのかわからないので、「そのために何をすべきか」を文章化して追加したのです。

そして、トリドールのミッションを実現するための行動指針として、２０２０年より「Toridoll-er's Value」も制定しました。内容は「Customer Oriented（お客様起点で行動し、すべてにおいて質にこだわる）」「Take Risk for Growth（常に成長を求め、リスクをとり挑戦し続ける）」「Take Ownership（自らが責任者のように行動し、結果に責任を持つ）」「Diversity and Respect（他者を尊重し、違いを受け入れる）」「Flexibility for Success（物事を柔軟にとらえ行動する）」の５つ。このバリューには、トリドールで働く人としてこうあってほしいという思いを込めました。

2 「感動（KANDO）」こそが私達の原点

そして2022年、すべてのミッション、ビジョンを見直し、スローガンを新たに掲げました。その背景には、ウクライナ侵攻などの世界情勢や時代による人の価値観の変化、そしてトリドール自身の変化がありました。

またコロナ禍を経て、フードテックの発展で飲食業界の省人化が進む中、私達が守るべきことを改めて確認する必要が出てきたのです。そして、どんなに変化が激しくなっても進むべき道がわかるよう、方向を示そうと思いました。

この図（次ページ）では、私達の存在意義であるミッション、それを果たし続けるための目指すべき姿としてビジョンを提示しています。ミッションとビジョンを支えるのが戦略であり、その戦略を実践するために従業員一人ひとりが持つべき哲学として「成長哲学『トリドール3頂』」があるのです。

SLOGAN
食の感動で、この星を満たせ。

私たちのめざす未来

出発点となる「食の感動」と
最終地である「この星を満たす」を
つなげた強い意志の表明です。

私たちのあるべき姿

常に世の中に期待を超え
予測不能な進化を遂げ続ける
他にない存在を目指します。

私たちの使命

「食の感動」を進化させ続けて
世界中の歓びや楽しさを
生み出すという存在意義を
表現しています。

私たちの戦略

二律の背反ではなく両立をめざし
他にない感動体験を創造して
仲間と共に世界中に届け続けます。

PHILOSOPHY
成長哲学「トリドール３頂」

私たちの価値観

二律の背反ではなく両立をめざし
他にない感動体験を創造して
仲間と共に世界中に届け続けます。

1「KANDO」の頂へ
2「二律両立」の頂へ
3「称賛共助」の頂へ

2022年に刷新した経営理念

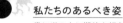

ミッションは「本能が歓ぶ食の感動体験を探求し世界中をワクワクさせ続ける」。これは、「食の感動」を追求して、世界中の喜びや楽しさを生み出すという使命を表現しています。「探求」は、お客様が求めているものだけでなく、インサイトを掘り起こして提供していくという決意を込めています。

ビジョンは「予測不能な進化で未来を拓くグローバルフードカンパニー」です。トリドールはこれまで、チェーン店なのに何もかも手づくり、客席数を削ってでも丸亀製麺では製麺所の風情が感じられる店のレイアウトにする、国内は直営店しか出さないなど、外食業界の常識から外れたことばかりやってきました。それでも全国に1000を超える店を出し、売上高は16年で約30倍以上と突出したスピードで成長してきたのです。

「予測不能な進化」とはトリドールの在り方そのもの。進化をし続けることで未来を切り拓き、その道の先でオンリーワンのグローバルフードカンパニーとなる。この唯一無二の目指す姿を言語化したのがビジョンです。

スローガンの「食の感動で、この星を満たせ。」にも「食の感動」という言葉が入っています。これは、改めて私達の存在意義について考えた時、感動を提供していることが私達の根源であると認識したからです。我々がここまで成長できたのは、お客様に感動していただけたからこそ。これを忘れないように言語化しました。

体験価値の中でも、大きく人の心を揺さぶるものが感動です。人の行動を変えるくらいインパクトのある体験。それが、「感動（ＫＡＮＤＯ）」だと考えています。感動があるからこそ、トリドールの店を選んでいただけるのです。だからこそ、私達は絶えず感動を創造し続ける。それを世界規模でやっていこうとしているのです。

3　積み重ねてきた成功体験を「成長哲学」として言語化

全従業員に持ち続けてほしい考え方は３つの「成長哲学」としてまとめました。

1 「KANDO」の頂へ
2 「二律両立」の頂へ
3 「称賛共助」の頂へ

この３つは、私が大事にしてきたことや、トリドールを成長させるためにやってきたことを言語化したものです。３つの頂へと駆け上がろうとすることが、予測不能な進化につながっていきます。

感動（ＫＡＮＤＯ）と二律両立についてはこれまでにお話ししました。では、「称賛共助」とは何か。これは称え合い助け合う文化が、いきいきと働ける店・会社をつくっていくという考え方です。お客様と同様に、共に働く仲間にも感動体験を届けてほしいのです。この成長哲学は人事評価や採用時の基準となっています。

新しいミッション、ビジョン、スローガンには私のこれまでの思いが詰まっています。実は、これらの言葉を制定する前から「感動体験が重要だ」ということは常々話していましたし、最初の経営理念から言っていることはほとんど変わっていません。今のミッション、ビジョン、スローガンはこれまでと地続きなのです。

思いが詰まっているとはいえ、これまでの成長は私一人でつくってきたわけでなく、社員やパートナーさんらと全員で培ってきました。グローバルフードカンパニーを目指すといった大きな目標を掲げられるのも、皆で積み重ねてきた成功体験があるから。だから「粟田の成長哲学」ではなく、「トリドールの成長哲学」なのです。

一方、社会の変化や会社の規模の拡大に合わせ、目指す姿は変わっていきました。会社の成長に伴って従業員を始めとしたステークホルダーが増え、その全員にトリドールのことが伝わるよう言語化し、体系化することが必要だったのです。

ある程度の規模の会社であれば、経営理念を制定しているところが多いでしょう。昨今では、ミッションやビジョン、パーパスといったものを掲げる会社も増えました。しかし、その言葉を額に入れたり、公式サイトに明記したりするだけでは、意味がありません。

絶えず見直し、現状の会社の姿に合っているか確認する。そして、その考え方が経営陣、幹部、従業員一人ひとりに至るまで血肉化すると、ミッションやビジョンを起点とした新規事業が生まれたり、社員が日々の仕事の中で判断に迷った時の指針になったりするはずです。トリドールではそのレベルを目指したいと考えています。


ミッション、ビジョンなどの見直しは、キックオフから全体が決まるまで1年ほどかかりました。一番時間がかかったのは、全体の設計図を考える過程。現状のトリドールの問題点を洗い出し、目指す姿はどういうものか、そのために何が必要なのか、といったことを考えるのに時間をかけたのです。その後、経営幹部でエッセンスを抽出し、言葉としてまとめていきました。

まとめる際は、どういった表現にするか、何の言葉を使うか、一言一句を議論しました。

すべてのステークホルダーにとって納得しやすく、トリドールらしさもある言葉。「本能」というワードチョイスでいいのか、「喜ぶ」と「歓ぶ」ではどちらの漢字がいいのかなど、吟味してつくりあげていったのです。

２０２２年5月にミッション、ビジョン、スローガンを先に発表し、成長哲学はその半年後くらいに発表しました。今もまだ議論は続いています。図の鍋を温める火は、従業員一人ひとりの幸せから成り立っている。それをどのように実現するかは、第４章で紹介した新しい人事的な取り組みも含め、模索している最中です。

4　新組織「KANDOコミュニケーション本部」の設立

ミッションやビジョンの見直しを受け、新しく「ＫＡＮＤＯコミュニケーション本部」を設置しました。社内外に感動を伝えるコミュニケーションを担う部署です。

特に重要視しているのが、インターナルコミュニケーションです。体中、毛細血管の隅々に血液が流れるように、トリドールの国内外の店舗までビジョンやミッションを浸透させていくのが、ＫＡＮＤＯコミュニケーション本部の仕事。全国に約４万人いるパートナーさんを含めた従業員一人ひとりにも、自分事として捉えてもらうための施策を考え、実行しています。

本社社員のほうがミッションやビジョンなどの必要性を実感しやすいのが正直なところではあります。私と直接話す機会も多いですし、全体方針を考える際の指針としてミッションやビジョン、スローガンが機能するからです。

一方、店舗で働くパートナーさんは、リアルタイムで変わる状況に対応し、うどんを茹でたり天ぷらを揚げたりと担当する仕事を全うしています。ピーク時は目が回るような忙しさであり、そんな中で常にミッションやビジョンを意識してもらうのは無理があります。

私は以前から、感動には二通りあると考えています。一つは、こちらから仕掛けていく、新規の来店動機となる感動。新商品に驚いていただいたり、製麺所の風情を実感していただいたりするのは、こちらの感動です。

もう一つは、きめ細やかなサービスや心のふれあいから生まれるエモーショナルな感動。例えば従業員が、来店されたお客様の体が不自由なことを察し、さっとサポートするなどの心遣いができたときに生まれる感動です。こうした感動はリピーターを生み出し、店やブランドへのロイヤルティが上がると考えます。

成長哲学で「感動」ではなく「ＫＡＮＤＯ」という表記を使ったのは、グループ会社となった海外の業態の従業員にも思いを共有したかったからです。

実は、Ｍ＆Ａ先を探してくれる現地の投資ファンドやグループ企業の経営者にトリドールが大切にしている感動について話すと、「確かにその感覚は大切だ」と共感してもらえることが多かったのです。特に、このアルファベットで表記するＫＡＮＤＯがいいと言ってくれる方がたくさんいました。

「Impression」とも「Excitement」とも違う、英語では言い表せない大きな心の動き。ＫＡＮＤＯとしか言い表せない感情を生み出すことがトリドールの強みなのだとすんなり理解してもらえました。

もっというと、海外のグループ企業のほうが積極的に「ＫＡＮＤＯが大事」「ＫＡＮＤＯっていいよね」と会話の中で使ってくれて、浸透しているのを感じます。皆が、自分にとってのＫＡＮＤＯを思い描き、それを店でお客様に提供したいと思ってくれているのです。

5 イベントや企画を通じて社内の隅々に浸透させていく

２０２２年11月には、ＫＡＮＤＯコミュニケーション本部が企画した全社イベントALL KANDO CREATORS MEETINGの第１回を開催しました。トリドールグループのすべての社員、全国の店長に集まってもらい、私が新しいミッション、ビジョン、スローガンに込めた思いについてプレゼンテーションしたのです。

イベント名の通り、トリドールで働く人は感動を創造するクリエイターである、ということを実感してもらうため、お客様からいただいた感動のお声を紹介し、「KANDO CREATORS AWARD」として、感動を生み出す施策を行った店や業態、部署を表彰する一幕もありました。これは「称賛共助」の実践でもあります。良い取り組みは積極的に拾い上げ、共有し、称え合う。

お客様からお褒めいただいたエピソードは、思わず涙が出そうになるものも多く、改めてトリドールが生み出している感動を再確認する機会になりました。

他にも、各事業会社の社長や業態長、本社の部門長で「ＫＡＮＤＯ開拓会議」を開き、どうすれば感動を創造できるか話し合っています。

感動について学びを得るためにゲストを呼んだり、本社部門長・事業会社社長・業態長のメンバーで一泊のキャンプに行き、焚き火を囲みながら感動について話したりと、お互いの考えや想いを交換する機会を設け、ミッションやビジョンを実践に落とし込めるようさまざまな工夫をしています。この会議は、グローバルメンバー版も開催しています。

「ひとりでも多くのお客様にいつまでも愛され続ける地域一番店を創造していこう。」という経営理念だった頃は、社員数も今より格段に少なく、一部屋に集まって私が話せば全員に伝わりました。各店舗への目も行き届いていた。

しかし、国内外で約２０００店舗となった今では、私が直接会って話すのにも限界があります。組織の規模に合わせ、社内外のメディアやイベントなどを組み合わせるなど、ＫＡＮＤＯコミュニケーション本部が効果的な伝え方を戦略的に考えてくれています。

約４万人の従業員全員と話すのは難しいですが、私も全国で「粟田未来塾」を実施するなど、対面で思いを伝える機会を積極的に設けるようにしています。

新ミッション、ビジョン、スローガン、成長哲学を制定してから約2年。店舗での施策を考える会議で「これは来店動機になる感動か？　それともエモーショナルな方の感動か？」といった問いが生まれるなど、考え方が浸透してきているのを感じます。

その結果は、お客様から寄せられるお褒めの言葉の数という目に見える形で表れており、約1年で制定前の1・3倍に増えました。

今後の課題は、このミッションやビジョンをより内発的な動機につなげていくことです。会社から押し付けられていると感じていては、現場の感動は生まれない。心から「目の前のお客様やともに働く仲間を感動させたい」と思い、それが行動に現れるような動線をつくっていくことが必要だと感じています。

トリドールから「感動」を外したら、普通の外食企業になってしまいます。それでは、唯一無二のグローバルフードカンパニーを目指すなんて到底無理です。

従業員一人ひとりが、自分たちは「予測不能な進化で未来を拓くグローバルフードカンパニー」になると信じ、「本能が歓ぶ食の感動体験を探求し世界中をワクワクさせ続け」ようと日々の仕事に取り組み続けることで、「食の感動で、この星を満たす」ような、外食企業の枠を超えた異次元の存在になれるのだと思います。

COLUMN 2

南雲克明CMOインタビュー

KANDOコミュニケーション本部のミッションとは

トリドール初のマーケティングのスペシャリストとして入社以来、丸亀製麺のリブランディングを成功させ、ヒット商品の企画・開発なども手がけてきた南雲克明氏。2022年からはマーケティング、広報、インターナルコミュニケーションに関わる3部門を集約した「KANDOコミュニケーション本部」のトップとして、「感動」を基軸にした社内外の改革と発信を進めている。

南雲克明

株式会社トリドールホールディングス 執行役員CMO
KANDOコミュニケーション本部長
株式会社丸亀製麺 取締役 マーケティング本部長

長野県上田市真田町出身。早稲田大学大学院商学研究科卒MBA。新卒でオリックス自動車に入社し、法人営業を担当。その後、コナミスポーツに転職。2012年から同社マーケティング部長。働きながらMBAを取得し、サザビーリーグに転職。その後さまざまなブランドのマーケティング責任者を歴任。2018年トリドールホールディングス入社。2022年から現職。

マーケティングドリブンで動く会社に変える

私が入社する前のトリドールにはマーケティング部がなく、マーケティングを担当する数名のチームがテレビＣＭやＰＯＰなどの制作をしていました。面接時に粟田さんが「もっとマーケティングが機能する会社にしていきたい」と話すのを聞いて、日本だけでなくグローバルで大きく成長する目標を掲げる企業において、自分が理想とするマーケティング戦略・組織の構築ができると期待して、入社を決めたのです。

入ってすぐ担当したのは、主力ブランド丸亀製麺のリブランディングです。２０１７年からの丸亀製麺は客足が伸び悩み、16ヶ月連続で前年割れが続いていた難しい状況でした。讃岐うどんブームも終わり、成長の踊り場にきていたのでしょう。そこで、マーケティングドリブンの会社に変え、持続的に成長するブランドに変革するというミッションを遂行することになったのです。

それまでの丸亀製麺では、季節のフェア商品をＣＭで訴求し集客する商品プロモーションだけを実施していました。外食ではよくある手法ですが、それでは商品によって短期的に客数が上がっても、ブランドに対するロイヤルティが醸成できていないため、すぐ落ちてしまう。その繰り返しで右肩下がりになっていたのです。

リブランディングでは丸亀製麺が持つ本来の魅力を、まっすぐお客様に伝えることにしました。創業以来、丸亀製麺のうどんは国産小麦、水、塩からすべてのお店で製麺しています。まずそのことを知らない消費者が意外と多かった。来店されているお客様ですら、知っている人が5割未満という状況だったのです。そこで、2019年からCMを中心にデジタル、ソーシャルメディアやPRで「すべての店で粉からつくる」ということを伝え、「ここのうどんは、生きている。」というタグラインを設定。これが丸亀製麺の本質的な価値であり、他社との構造的優位をつくる差別化要因だからです。

また、「外食でうどんを食べる人を増やす」ということもリブランディングの目的の一つでした。うどんという食べ物は、自炊や中食で食べるものだと思っている人が多く、外食の選択肢として選ぶ人が少ない。例えばうどんを食べる人が10人いるとしたら、外食でうどんを食べる人は1人くらいしかいないデータがありました。そこで、丸亀製麺のCMでは「お店でしか食べられないおいしいうどんがある」ということを伝え、外食でうどんを食べる人を増やすようなコミュニケーションを行いました。

このリブランディングは成功し、2019年春から客足が戻り始め、売上・利益を大きく回復基調へと変えることができました。

「これでお客様は本当に感動するか？」が常に問われる環境

トリドールに入って一番驚いたのは、スピード感です。元々他の小売業やサービス業に比べて外食企業のスピード感は速いことは理解していたのですが、トリドールはそれに輪をかけて速い。例えば、新商品の開発会議で試食を行ったとします。その場で参加者が「これはいける」と判断すれば、「ＰＯＰは最短でいつ？」「ホームページにはいつから告知を出せる？」「食品の調達はいつまでにできる？」と確認が始まり、３日後から販売開始になったりするのです。全国展開する商品はもう少し時間がかかりますが、数十店舗でテスト的に発売するならば、月曜に決めて週末から売り出すことも可能なのです。

これは、粟田さん自身のスピード感が会社全体に浸透しているのだと思います。粟田さんはマーケティング上の施策を思いつくと、すぐに連絡をくれます。そこで、数ターンやりとりしたら、もう次のアクションが決まる。もちろん経営のガバナンスとして、稟議を出して決裁承認を終えるシステムは存在しているのですが、大きなお金が動かないプロジェクトに関しては定例会議を待たずに進めることができます。

さらに柔軟性が高い。「こんなことをやってみたい」と考えたことが、すぐに実行できる。スピード感を持って取り掛かり、その都度修正するアジャイル開発のような進め方でマーケティングができるのです。新商品やサービスのテストマーケティングの数も、他の会社に比べると格段に多く感じます。さまざまなエリアの店舗で、同時に多くのテストマーケティングが走っている。このような環境はマーケターとしても恵まれていると感じます。外資系企業から転職してくる人も、この意思決定の速さと柔軟さは日本企業としては珍しいものだ、と評価してくれています。

トリドールの意思決定の最優先事項は、お客様の感動創造です。そこで「KANDOドリブンマーケティング」と名付け、感動を起点に感性とデータサイエンスを両立させ、持続的に選ばれる確率を高めるマーケティングを推進しています。

プロモーションや新商品開発も、消費者のインサイトに刺さる感動が最優先です。社内では「これでお客様は感動するだろうか」という問いかけがよく聞こえてきます。感動という観点で目線を合わせると、「及第点だけれど、期待を上回るほどではない」「感動レベルかといわれるとそこまではない」といった厳しい判断になることも多い。全体のレベルが上がるのです。

一人のマーケターとしては「想像してもいなかったけれどできてみればこういうものが欲しかった」と思ってもらえるような、インサイトを掘り起こすような商品をつくっていきたい。それは新しいサービスや店舗空間についても言えることです。

店舗の現場では「ここまでしてもらえるとは思わなかった」「こんなにおいしいなんて」というような、お客様の期待を超えるエモーショナルな感動体験をたくさん生み出してほしいと思っています。

社内・社外向けのコミュニケーションを連携させ、戦略的に実行

2022年5月には、「食の感動で、この星を満たせ。」というスローガンを制定し、ミッション、ビジョンを新しくしました。私はこれらを浸透させるインターナルコミュニケーションも統括しています。単なるお題目にならないよう各事業会社と連携し、従業員の日常に入っていくようなコミュニケーションを行っているのです。

ミッション、ビジョンの刷新とともに、マーケティング、広報、インターナルコミュニケーションなどをすべて集約した「KANDOコミュニケーション本部」を設置しました。

私はその本部長を務めています。組織をまとめた理由は、マーケティング、広報、インターナルコミュニケーションがバラバラに行われるよりも、それぞれをビジョンやミッションに紐付けて統合して全体戦略を描いたほうが、成果が出やすいからです。

マーケティングも今や、広告などに投資して集客することだけでは持続的に成果が出ない時代です。社外・社内全体のコミュニケーションを連携させ、戦略的に実行することで、最終的に客数が増え業績が向上していくのです。

トリドールでは現在約４万人の従業員が働いており、その全員にミッション、ビジョン、スローガンを浸透させるのは至難の業です。でも、それができれば最強の組織になれると思っています。

外食含む接客業はＥＸ（従業員体験価値）とＣＸ（顧客体験価値）がつながっています。従業員のやる気が高まればＣＸが高まり、ＣＸが高まると顧客の評価や声がＥＸ向上につながり、同時に数字が上がる。これはデータでも示されています。トリドールがこれからやろうとしているのは、外食のビジネスを根底から覆す試みです。従業員一人ひとりの幸せを創造することで、感動創造へのモチベーションが高まり、世界中で続々と感動が生まれ、会社が成長する。従業員の内発的な動機で感動を生み出すことができれば、店舗の数値目標を設定しなくても業績は上がるはずです。会議で行われるのは数字の確認ではなく、「今月はどれくらいの感動を生み出したか」「こんな成功事例があった」といった感動の共有になります。絵空事のように見えるかもしれませんが、我々は本気です。

この改革にマーケティングは大きな力を発揮します。長年続いた、安く人材を使い捨てるような外食のビジネスモデルを抜本的に改革できるかもしれない。マーケティングをうまく使えば、業界全体を変えることもできるのです。歴史的な転換点にマーケティングの立場から貢献できていること。これが自分のモチベーションの源泉になっています。

第6章

世界で唯一無二を目指す

グローバルフードカンパニーへ

1 ジョギング中に出会ったハワイの空き物件がすべての始まり

丸亀製麺の海外1号店は、ハワイ・ワイキキにあります。空き物件を見た瞬間、頭の中に図面が一瞬で浮かび、製麺所の風情がある店でさまざまな国から来た人たちがうどんを楽しんでいる光景がイメージできました。その直感に従って店をつくったところ、初日から長蛇の列。ワイキキ店は現在、国内外の丸亀製麺の中でナンバーワンの売上を誇っています。

トリドールの海外進出は、2011年に始まりました。きっかけとなったのは、2009年に外食チェーンの経営者仲間とハワイの飲食店の視察に行ったことです。私にとっては初めてのハワイ。青い海と白い砂浜のコントラストが美しく、ホテルやショッピングセンターも充実しており、ハワイが旅行地として人気の理由がわかりました。南国の雰囲気も楽しく、私もすっかりハワイが好きになったのです。

早朝、ワイキキ中心部のクヒオ通り沿いをジョギングしていると、ふと空き物件が目に留まりました。ガラス張りだったため中を覗いてみると、どうやらファストフードの居抜き物件のようです。切妻屋根の平屋造りでどことなく日本家屋のような佇まい。ひと目で「いい物件だ」と感じました。

見ているうちに、「ここに製麺機を置いて、うどんを茹でる釜を置いて、このあたりに天ぷらを並べて……」と店のレイアウトがどんどん頭に浮かんできます。「ここで丸亀製麺を出店したら流行る」と確信しました。

ハワイは日本人観光客も多く、日本食との親和性が高い。テイクアウトのおむすび屋などはすでにあり、奥まった立地なのに大繁盛していたのも見かけました。しかし、全体的に価格が高い。我々であれば、もう少し低価格でおいしい食事を提供できる。そこに商機を見出したのです。

その物件には、「For Lease（貸し出し可能）」と書かれていたので、すぐに物件管理者に連絡をとりました。しかし、けんもほろろに断られてしまったのです。やはり、何の土地勘も人脈もない外国で店を出すのは無謀なことなのか。途方に暮れていたところ、知り合いがハワイで日本企業の海外進出を支援している若き実業家・山中哲男さんを紹介してく

2011年にオープンした丸亀製麺ハワイ・ワイキキ店

れました。

山中さんは「ここは観光客もローカルも来る唯一のストリートで、良い場所。ドンピシャで素晴らしい物件に目をつけましたね」と私の熱意を汲み取ってくれて、物件のオーナーに対し、「日本企業はいいですよ、丸亀製麺がハワイに来たらクヒオ通りもさらに盛り上がります」と説得してくれたのです。

その甲斐あって最終的には、一度は他の会社に決まりかけていたというその物件を貸してもらえることになりました。

きれいな居抜き物件だったので、そこからの店づくりはトントン拍子に進むと思っていたのですが、やはりアメリカと日本では勝手がまったく違いました。さまざまな許認可を得るのに時間がかかり、思い立ってからオープンまで1年半ほどかかったのです。

考えてみれば、私はハワイに住んでいたわけでもなく、1回しか行ったことがない場所だったわけです。外国に店を出すのも初めてで、まさにゼロイチの立ち上げでした。日本で言えば、まったくの素人が飲食店を開業するようなものです。

店舗施工の金額の相場もわからないし、「提灯や看板を表に出してはいけない」といった日本にはない規制にぶつかったりもしました。私自身が現地にいるわけではないので、「許可をとるのにこんなに時間がかかるものなのか」と歯痒い思いをすることも多々ありました。

ただ、トリドールはこれまでにも無謀な挑戦を繰り返してきた会社。最初の店だって、焼き鳥が焼けるというだけで立ち上げたのです。そうしたチャレンジのうちの一つだと考えれば、乗り越えることができました。五里霧中で、手探りで前に進み、少しずつ物事がわかってくる。久しぶりにこの感覚を味わいました。

2 初日の売上を見て驚愕、海外進出を決意

紆余曲折の末、2011年4月にハワイ・ワイキキ店がオープンしました。すると初日から、私の想像を超える数のお客様が集まり、どの時間帯にも絶えず大行列ができる最高のスタートを切ることができたのです。トリドールが生み出す「食の感動体験」は、海外でも通用する。それを強く実感しました。

当時の価格設定は、日本円でうどん1杯400円で、天ぷらをたくさん追加されても1000円を少し超えるくらい。周りの飲食店に比べたらリーズナブルだと受け止めてもらえたのではないかと思います。

丸亀製麺の体験は日本のお客様より海外のお客様のほうが、深い感動を呼び起こされるのかもしれません。そもそも製麺所を見たことがなく、うどんを食べるのも初めて。そんな方がたくさんいるからです。

日本の丸亀製麺はうどんという日常的な食べ物を出す店として捉えられていますが、海

外の方からすると見たことも食べたこともないものが、目の前で調理されて出てくる、希少な体験価値が得られる場所なのだと思います。

ハワイのワイキキにいる多くの人は観光客です。観光地で少し変わった体験がしたいというニーズに合致したからこそ、時間をかけて行列に並んででも食べる価値があると思ってもらえたのでしょう。

さらにうどんに加えて天ぷらがあったことも、ヒットの理由だと考えられます。海外では「うどん」よりも「天ぷら」の方が圧倒的に知名度が高い。揚げ物は食べ慣れた味ですし、未知のうどんだけでは惹きつけきれなかった部分を、天ぷらの魅力が補ってくれたのでしょう。

オープン初日を終えて、驚きました。日本の店舗の何倍もの売上高だったからです。海外には大きな可能性が眠っている。それまでただ「ハワイに店を出したい」という一心で突き進んでいたのですが、売上を見た瞬間、目の前がぱっと開けて「海外に進出したい」という目標に切り替わりました。

２０１１年は国内出店も加速していた時期。「国内出店を猛スピードで進める」と「海外進出」は、一見、同時に進められないように思えるかもしれません。しかし、二律両立でそれをやるのがトリドールです。時期を逃さず今やるべきだと判断し、他の国にも店を出すことを決めました。

まずは出店の狙いをつけたのは中国です。海外進出の計画を立て、さまざまな国を検討した上で中国がいいと判断したわけではありません。まず「海外出店をしたい」と発信した上で、ツテで足がかりが得られそうなところが中国だったのです。どこにチャンスがあるか、手探りで探していく素人のようなやり方。上場の時もそうなのですが、トリドールではリサーチや資金集めよりも先に、やると決めて周りに伝えることからすべてが始まるのです。

他社の海外進出についての話を伺うと、石橋を叩いて渡ろうとしているように感じることがあります。「どの国の市場が一番成長しそうか」「どれくらい採算が取れるか」といったことを、リサーチを重ねて検討している。そういった話を聞いた時に、私の頭に浮かぶ言葉は「まず店を出してみればええんちゃうの?」です。しかし、リスクはなるべく回避したいと考える他社のほうが当たり前で、トリドールのほうが異端なのでしょう。

事前にどんな予測を立てても、何が起こるかはやってみないとわかりません。やると決めてから、道をどうやってつくるか考える。それがトリドールのやり方です。ワイキキ店オープン後から、商社や銀行に飛び込んで相談し、翌年の２０１２年には韓国、香港など３カ国で出店準備を始めました。

3 日本らしさにこだわらず、現地好みにローカライズ

現在、丸亀製麺はアメリカ、香港、インドネシア、台湾、ベトナム、カンボジア、フィリピン、イギリスなど９つの国と地域に進出し、国内外で約１１００店舗を展開しています（２０２４年６月末現在）。２０２４年３月には、新たにカナダのバンクーバーに進出しました。

丸亀製麺の海外進出が好調な理由の一つは、オリジナリティとローカライズの掛け合わせがうまくいったからだと考えています。自分たちの大切にしていること、例えば打ち立て・茹でたてのうどんを提供するといった部分はオリジナリティとして持ちつつ、現地の方々が食べやすい味にローカライズしていく。

我々の業態は高級割烹ではなく、ファストフードに近い日本食のチェーンです。日常的に利用してもらうことで経営が成り立つため、新奇な異国の味ではなく、食べ慣れた日常性のある味を提供していくことが必要なのです。

「日本のうどんはこうあるべき」という原則をガチガチに守ろうとすると、年に1回の特別な食事になってしまう。日本の外食企業が海外進出する時は、「日本らしさ」が強みだと考えて、それを守ろうとしがちです。しかし、世界各地で日常食として食べてもらうためには、そのこだわりが邪魔になる。丸亀製麺はあえて、日本らしさにこだわらないようにしています。

日本人からすると意外に思われる組み合わせや味付けも、私は全然気になりません。「カリフォルニアロール」のような外国でアレンジされた寿司に対し、「あんなものは寿司ではない」と反感を抱く人もいますが、実際にアメリカで好まれているのは生の魚介類を使わないアボカドの入った寿司なのです。

考えてみると日本でも、ラーメン、カレー、パスタ……とさまざまな料理をローカライズして日常に取り入れています。例えば、明太子スパゲティ。イタリア人の方が明太子スパゲティに驚いた、と話している記事を見たことがあります。イタリアの人から見たら「イタリアにない明太子をパスタに組み合わせておいしいわけがない」と思うかもしれません。しかし日本人の中には、こってりしたボロネーゼは毎日食べられないけれど、明太子スパゲティなら毎日食べられる、という人も多いでしょう。馴染みのある味だからです。

こうして逆の立場で考えると、現地の食の好みに合わせたローカライズは、その食べ物が日常的になる上で必須なのだということがわかります。

丸亀製麺のワイキキ店では、開店当初「日本の天ぷらはやわらかい。もっとザクザクした分厚い衣にして、コーラと合わせたい」と現地スタッフに言われました。一瞬「それは天ぷらとは呼べないのでは」と思いましたが、現地の感覚でそれがおいしいと感じるのならば取り入れようと気持ちを切り替え、日本とは衣の配合や作り方を変えました。

丸亀製麺という名前も、海外では「Marugame Udon」に変えて展開しています。「製麺」よりも料理名の「うどん」のほうがよりわかりやすいからです。「ブランド名を変えるなんて」と思う方もいるかもしれませんが、私はわかりやすく伝わったほうがいいと考えているのです。

4 ロンドンの人気メニューは「チキンカツうどん」

ローカライズは現地のスタッフの意見を反映しています。やはり文化や生活習慣が違う異邦人の我々がどんなに頭で考えても、現地の感覚とずれてしまう。新商品の開発も日本の丸亀製麺の商品開発担当者が現地に行ってアドバイスはしますが、基本的には現地スタッフの意見を採用します。

「店内製麺をやめて冷凍麺を使いたい」「だしをやめて全部コンソメベースにしたい」というような、あまりに丸亀製麺の方向性から外れる変更でなければ、現地の判断に任せるようにしています。間違っていたら、すぐにやり直せばいいのです。

よく売れるのは、現地の嗜好が反映されたメニューです。例えば、ロンドンの人気メニューは「チキンカツうどん」。これは、カレーうどんの上にチキンカツが載っているメニューです。イギリスでは日本式のカレーといえば、なぜかチキンカツカレー。その人気を実感していた現地のスタッフが考えたオリジナルメニューです。これは現地の感覚がうまく生かされた例だと思います。

他にもヴィーガンのニーズをくみ取って開発された「クリーミーヴィーガンうどん」が定番メニューとして親しまれており、季節限定メニューでは芽キャベツのてんぷらなども人気があります。

ロンドンの丸亀製麺で販売されている「Chicken Katsu Udon」。

イギリスでは「wagamama（ワガママ）」という日本食をベースにしたアジア料理のチェーン店が人気で、イギリス全体で約150店舗を展開しています。チキンカツカレーブームもこの店から起こり、今ではイギリスの国民食といってもいいくらいの地位を築いているのです。

そんなワガママは、現地の日本人に「こんなの日本食ではない」「口に合わない」と不評なことが多い。つまり、ワガママがターゲットにしているのは、イギリスに住む日本人ではなく、イギリスに住むイギリス人を始めとした多種多様な国の人だということです。これは、とても正しい戦略だと思います。日本人にとっておいしいかどうかよりも、現地の人々に愛されることが大事。そうでないと、店の運営は成り立たないからです。

5 アジアンフードのM&Aを重ね、海外進出を加速

２０１５年からはMarugame Udonを出店するだけでなく、M&Aで海外業態を増やしていきました。うどんは日本ではメジャーな料理ですが、海外に行くとあまり知られていません。未知の料理を普及させていくのには時間がかかります。

そこで世界進出のスピードを早めるには、その国、もしくは世界レベルで繁盛している業態を傘下に抱えるという方策をとるのがいいのではないか、と思ったのです。

そんなことを考えていた際、バルセロナで道にはみ出すほどの大行列ができている店を見かけました。それが、M&A第1号の「WOK TO WALK（ウォック・トゥ・ウォーク）」です。

ウォック・トゥ・ウォークはタイの屋台から着想を得た、フライドヌードルやフライドライスなどを提供しているアジアン・ファストカジュアルの業態です。オランダのアムステルダムで開業し、ヨーロッパを中心に17カ国で105店舗（2024年6月末現在）を展開しています。

まず主食を麺や米から選び、次に一緒に炒める具材を選び、最後に味付けするソースやトッピングを選ぶ。それらを中華鍋に入れ、お客様の目の前で炎を上げて炒めるのです。これが体験価値の提供にもなっています。アジアンストリートフードならではの活気や本場感がありつつ、店舗はヨーロッパらしいモダンで洗練された雰囲気なのが特徴です。

その次に出会ったのが東南アジアで人気の「Boat Noodle（ボートヌードル）」です。ボートヌードルは、水上マーケットで食べられていた小さなスープヌードルがルーツとなった業態で、食べ終わった器を積み上げながら食べ進めるスタイルがおもしろい。

Marugame Udonがマレーシアでの展開に苦戦する中、ボートヌードルは大繁盛しているのを見て興味をもったのです。店内ではムスリムの若い女性がたくさん食事を楽しんでいました。ハラル対応しているので、イスラム教徒の方でも安心して食事ができる店なのです。

この業態を傘下に持てたら、イスラム世界のゲートウェイになるかもしれない。そんな思いもあり、ボートヌードルを運営するUtara 5 Food and Beverage（ウタラ ファイブ フードアンドビバレッジ）社に出資し、グループ会社化。現在ボートヌードルはフィリピンやシンガポールに進出し、そちらも繁盛店となっています。


２０１８年1月には、香港の国民食とも言われるスープヌードル「譚仔三哥米線（タムジャイサムゴー ミーシェン）」「譚仔雲南米線（タムジャイワンナム ミーシェン）」の２つのブランドを傘下に収めました。こちらは香港だけで１９２店舗、香港以外に41店舗（２０２４年6月末現在）を展開しており、２つのブランドを運営するTam Jai International（タムジャイ インターナショナル）社は２０２１年10月に香港証券取引所に上場しました。

タムジャイで扱うのは、米から作られる新食感の麺「米線（ミーシェン）」。6種類のオリジナルスープと10段階の辛さ、20種類以上のトッピングから選ぶことで、１００万以上の組み合わせから自分だけのオリジナルヌードルを作ることができます。ミシュランのビブグルマンを獲得したこともある、実力派のブランドです。今後も積極的な海外展開を目

アジアン・ファストカジュアルの「WOK TO WALK」(上)、マレーシアのヌードルショップ
「Boat Noodle」(中)、香港のヌードルチェーン「譚仔三哥米線」(下)。

指しています。

6 ピザ業態にギリシャ料理も共通するのは「体験価値」があること

２０１８年には、２つのブランドがグループに入りました。一つ目は、ハワイのローカルフードであるポケを進化させ、アメリカで大人気の「Pokeworks（ポケワークス）」です。ポケとは現地の言葉で「切り身」を意味します。マグロやタコなどを一口大に切り、海藻や玉ねぎ、香味野菜などと共にハワイアンソルトや醤油、ごま油などで和えたものを、ライスに載せれば「Poke bowl（ポケ丼）」になります。

メキシコ料理のブリトーにインスピレーションを得て「ポケブリトー」という新しい食べ方を生み出すなど、トレンドを取り入れてポケを進化させている意欲的なブランドです。調理に火を使わないため、低コストでの出店が可能な点も魅力的でした。アメリカ、台湾、カナダで合計70店舗（２０２４年6月末現在）を展開しています。

2つ目は、店を見た時に「これをつくった人は業態開発の天才だ」と感じた「Monster Curry（モンスターカレー）」です。

モンスターカレーは、シンガポールで日本式のカレー店として支持を集めています。ルーは数日にわたり煮込まれた14種類の野菜とスパイスによって深みのある味わいで、看板メニューとなっているのが直径41センチの巨大な皿で提供されるモンスターコンボカレーです。チキンカツ、海老天、フィッシュフライ、しゃぶしゃぶビーフといった具が盛り付けられ、驚くほどのボリュームがあります。シェアを前提としており、家族や友人と楽しめるのです。

ポップなデザインの内装も相まって、いつも店内は活気にあふれています。18店舗（2024年6月末現在）あり、そのうち6店舗はハラル対応の「Monster Planet」という姉妹ブランドで、ムスリムコミュニティで絶大な人気を誇っています。

2023年7月には、イギリスの外食企業であるFulham Shore（フルハムショア）社に出資。フルハムショア社は、ピザチェーンの「Franco Manca（フランコ マンカ）」とギリシャ料理チェーンの「The Real Greek（ザ リアル グリーク）」の2つの業態を持っていま

アメリカの「Pokeworks」（上）、シンガポールの「MONSTER CURRY」（下）。

す。

グループ内にピザ業態がほしいと考え、以前から数え切れないほどのピザ業態を検討してきました。そんな中、フランコ マンカに出会った時「ここしかない」と確信を得ました。店内に感動体験があふれていたからです。

大きなピザ窯のあるオープンキッチンが中央に配置された店。生地をのばしてピザを作る光景や炎が踊るピザ窯の光景が、ワクワク感と本場感を演出していました。18世紀から引き継がれる酵母を使って店内で粉から生地を作り、地元産の食材を載せて焼き、熱々のピザがお客様の目の前に現れる。フランコ マンカはイギリス国内に71店舗、国外に1店舗（2024年6月末現在）を展開しています。

ザ リアル グリークは、地中海料理を提供しているカジュアルダイニングのブランドです。その名の通り、本物のギリシャの味わいを提供していて、伝統的なギリシャ料理はもちろん、都市部における最新のトレンドも取り入れています。

メニューが豊富で、地元産の食材を取り入れた色鮮やかな料理が揃っています。メゼと呼ばれる小皿料理は、冷製・温製・グリルの3種類を好きなように組み合わせ、選んだ料

イギリスピザチェーンの「Franco Manca」(上)、
ギリシャ料理チェーンの「The Real Greek」(下)。

理は3~5段のスタンドにのせて提供されます。おいしいのはもちろん、目でも楽しむことができるのです。まるでギリシャに来たかのような店内のインテリアも、気分が上がります。

M&Aでグループに入ってもらった業態に共通しているのは、実演という感動体験があること。お客様が調理する工程をしっかり見られるのです。また、「具材やトッピングを選べる」「こだわりのメニューを提供する」というアメリカでいうファストカジュアルのような業態であることも共通しています。今後もトリドールの感動体験に共感してくれる業態があれば、グループに入ってもらいたいと考えています。

7 考えすぎて失敗したケニアのテリヤキチキン屋

ここまで読むと順風満帆な海外展開だったと思われるかもしれませんが、裏ではたくさんの失敗も重ねています。その一つが、2015年のケニア進出です。その当時は中国を始めとしてアジアに進出し、次はインドだと考えたものの、なかなか突破口が見当たらず足踏みをしていました。そこで、ビジネスチャンスを見出したのがアフリカだったのです。

私が1号店の焼き鳥屋をオープンしたのは1985年。丸亀製麺を展開し始めたのは2000年です。この時点で日本の外食市場はある程度成熟していました。外食市場の歴史を振り返るたびに、これから外食市場が二桁成長するような可能性がある市場で事業をやってみたいという気持ちが募っていたのです。

世界の外食市場や経済成長のデータを見ていると、アジアには日本の1970年代のような状況の国がまだある。さらにアフリカは日本の1950年代のような国があるとわかり、その黎明期のチェーン店になれば大成功するのではないかと期待を抱いていました。

そこで注目したのがケニアです。人脈があるという投資ファンドから現地の方を紹介され、話を進めていきました。当時のケニアは高い経済成長や人口増加率が見込まれていましたが、外食店がほとんどなく、外食文化の発展はこれからという段階でした。

こちらとしては丸亀製麺の出店を考えていましたが、現地の方から「うどんは馴染みがなさすぎてまだ早い」と言われてしまいました。そこで町を歩いてみると、チキン屋が流行っていて、ケンタッキーフライドチキンの店舗もいくつか見かけました。「それならば、自分の原点でもある焼き鳥屋をやってみるのはどうか」と考えたのですが、それも新奇過ぎるとのこと。それではと、現地の方と商品開発をしてテリヤキチキンをメインメニューに据え、「teriyaki JAPAN」というブランド名で展開することになりました。

約2年で20店舗を出すことを目指していましたが1年経っても2店舗しか開店できず、結果は失敗に終わりました。２０１６年には経営権を現地の企業に移譲し、完全撤退。ハワイ出店の時もそうですが、私は直感的にいいと思い、勢いで始めたことのほうがうまくいく確率が高いのです。

今考えると、ケニアで何が受けるのかわからず、事前に考えすぎてトリドールの強みである「感動体験」がなくなっていたように思います。サブメニューとして出していた「焼きうどん」のほうが好評だったことも、現地の感覚がわかっていなかったことの証拠でしょう。結局、teriyaki JAPANはケニアの日常食の店になれなかったのです。

その他、中国や韓国など、丸亀製麺として一度進出したけれど一時的に撤退した国もあります。海外店舗はコロナ禍で大きな打撃を受けました。すべてがうまくいっているわけではありません。しかしこうした失敗を糧に、自分たちの勝ち筋を見出してきたのです。

8 海外進出の成功確率を上げる切り札「ローカルバディ」

成功確率を上げる要因の一つが、「ローカルバディ」の存在です。丸亀製麺が初めて進出する国ではその都度現地で水先案内人になってくれるパートナーを探索し、手探りで店舗開発を進めていました。しかし、ツテのない国で信頼できるパートナーを探すのは難しく、日本から人を派遣するのにも限界があります。店を出したものの現地の肌感覚をつかめないまま、閉鎖することも多くありました。

そこで現地の外食ファンドや外食大手など、店舗を直接運営してくれるパートナー企業を見つけ、出資して共同で出店を進める方針に切り替えました。彼らをローカルバディと呼んでいます。成功モデル店の確立からフランチャイズ本部構築のサポート、フランチャイズの開拓までを担う、まさに「バディ＝相棒」です。

欧州においては、欧州スターバックス成功の立役者が在籍する外食ファンドのCapdesia Group社（以下、キャプデシア社）をローカルバディに、共同で事業を推進してきました。

ローカルバディは、単なるビジネス上のパートナーではありません。特別な知識とノウハウを持ち、感動体験に共感している仲間です。キャプデシア社共同創業者のニールズは、日本の丸亀製麺で打ち立てのうどんを食べて感動したことから「丸亀製麺は欧州でも人気が出る」と確信し、ローカルバディになってくれました。

ロンドンのMarugame Udonは、キャプデシアチームが立地戦略を考え、現地の視点を取り入れた店舗設計やうどん初体験でも楽しめるサービスを導入し、話題になるようなマーケティングをしてくれたからこそ、1号店から行列ができたのです。

アメリカのMarugame Udonが成功しているのも、ローカルバディの貢献がありました。ワイキキ店の出店の後、2017年9月にアメリカ本土1号店をロサンゼルスに出店し、そこからしばらく西海岸を中心に出店してきました。西海岸は食に関する感度の高い方が多く、日本で出しているメニューに近い本場の味が好まれるため、確実なヒットが見込めて店を出しやすかったのです。

しかしアメリカでさらにMarugame Udonの認知度を高め、人気の飲食ブランドにしていくには、うどんをピザやハンバーガーに並ぶ存在にしていく必要があります。

そこでローカルバディの協力の下、２０２０年8月に南部のテキサス州にキャロルトン店を出しました。南部の州に住む方々は、食に対して比較的保守的です。ここで地域の人々に受け入れられれば、アメリカ全土で展開することも可能だと考え、「アメリカ人から見た日本」というテーマでお店を出しました。

ローカライズはもちろん、立地選びや新店舗の立ち上げ、人材確保に関するさまざまな判断が、日本にいる我々ではうまくできません。でも、ローカルバディがいると安心して任せられる。現地の感覚を持って、最善手を選んでくれるのです。ローカルバディが、丸亀製麺という業態をよく理解した上で、自分たちの成功モデルを導き出してくれているからこそ、現在の好調な業績があるのだと考えています。

アジアにおいては、シンガポール・香港で活躍する外食グループのEN GROUP（えんグループ）社、小麦粉メーカーからスタートしたインドネシアの飲食大手Sriboga Raturaya（スリボガ・ラトゥラヤ）社、フィリピンの小売流通の大手で飲食ブランドも手掛けるSUYEN（スーエン）社の3社がローカルバディです。

えんグループ社はもともとモンスターカレーを傘下に抱えていた会社で、ローカルバディとなってからはトリドールの天ぷら業態「天ぷらまきの」の海外展開を共に仕掛けています。

スーエン社とは、ボートヌードルのフィリピン進出、そして今後はタムジャイの出店を計画するなど、トリドールのさまざまな業態をフィリピンで展開する議論をしています。

ローカルバディのおかげで、海外進出の成功の確度が、格段に上がりました。M&Aについても、私が世界中を歩いて業態を探すのは不可能であるため、ローカルバディが提案してくれる企業を検討するようになりました。

フルハムショア社への出資はキャプデシア社と共同で行ったプロジェクトです。フランコ マンカやザ リアル グリークはトリドールが大事にしている食の感動を持つ業態だ、とわかっているのも、ローカルバディだからこその感覚です。

9 トリドールらしい海外進出の勝ち筋「KANDOトレードオン戦略」

ワイキキ店のオープンから13年。この間に蓄積された実績や知見を元に、だんだんと海外展開の勝ち筋が見えてきました。現在はそれを戦略化した「ＫＡＮＤＯトレードオン戦略」（１９８ページ）に従って、トリドールらしい海外進出を進めています。トリドールが追求する食の感動体験をグローバルで共有するために、あえて「感動」ではなく「ＫＡＮＤＯ」と表記しました。

「トレードオン」とは、何かを得ると別の何かを失う「トレードオフ」ではなく、相反するものをどちらも手に入れるという意味です。これまでに出てきた表現でいえば「二律両立」。この考え方が戦略の骨格になっています。

手間暇をかけ細部まで考え抜いた業態（Craft）を、スピーディーに効率よく展開する（System）。そこでしか味わえない体験（Only）を、世界中で享受できるようにしていく（Anywhere）。こうした相反する活動を両立し、拡大する推進力が唯一無二のトリドールの強みを生み出します。この一見不可能なことを可能にする鍵となるのが、ローカルバディなのです。

CraftとSystem、OnlyとAnywhereという2つの軸の中心にあるのは、トリドールで働くすべての人である「ＫＡＮＤＯクリエイター」です。このＫＡＮＤＯクリエイターを起点として、食の感動体験や感動体験ができる飲食ブランド群「ダイバースブランド」が創出されます。

ＫＡＮＤＯクリエイターの役割は、丸亀製麺で培った「感動体験から繁盛店を創造する」というノウハウを用いてダイバースブランドを「創造」し「進化」させることです。国内では長田本庄軒や肉のヤマ牛、天ぷらまきのといった新しい業態を創り、海外では既存の業態を進化させています。

例えば、先述のポートヌードルでは、より世界で通用する人気ブランドにするためにＫＡＮＤＯクリエイターが考案した「ヌードルステーションを前面に移動する」という施策を実施したところ、売上が約１５０％に伸びたこともあります。ＫＡＮＤＯクリエイターが世界展開を経験することで、より高いレベルで戦略が実行できるようになると考えています。

さらに、多様なブランド群、ローカルバディ、トリドールの本社機能が世界各地でネットワークとして機能すると、予測不能な進化が起こります。多数のブランドが多数の国・地域で同時多発的に広がり、特定の地域・業態での成功体験やアイデアが、地域・業態の垣根を超えて、還元されていくからです。これを、ノーボーダーネットワークと呼んでい

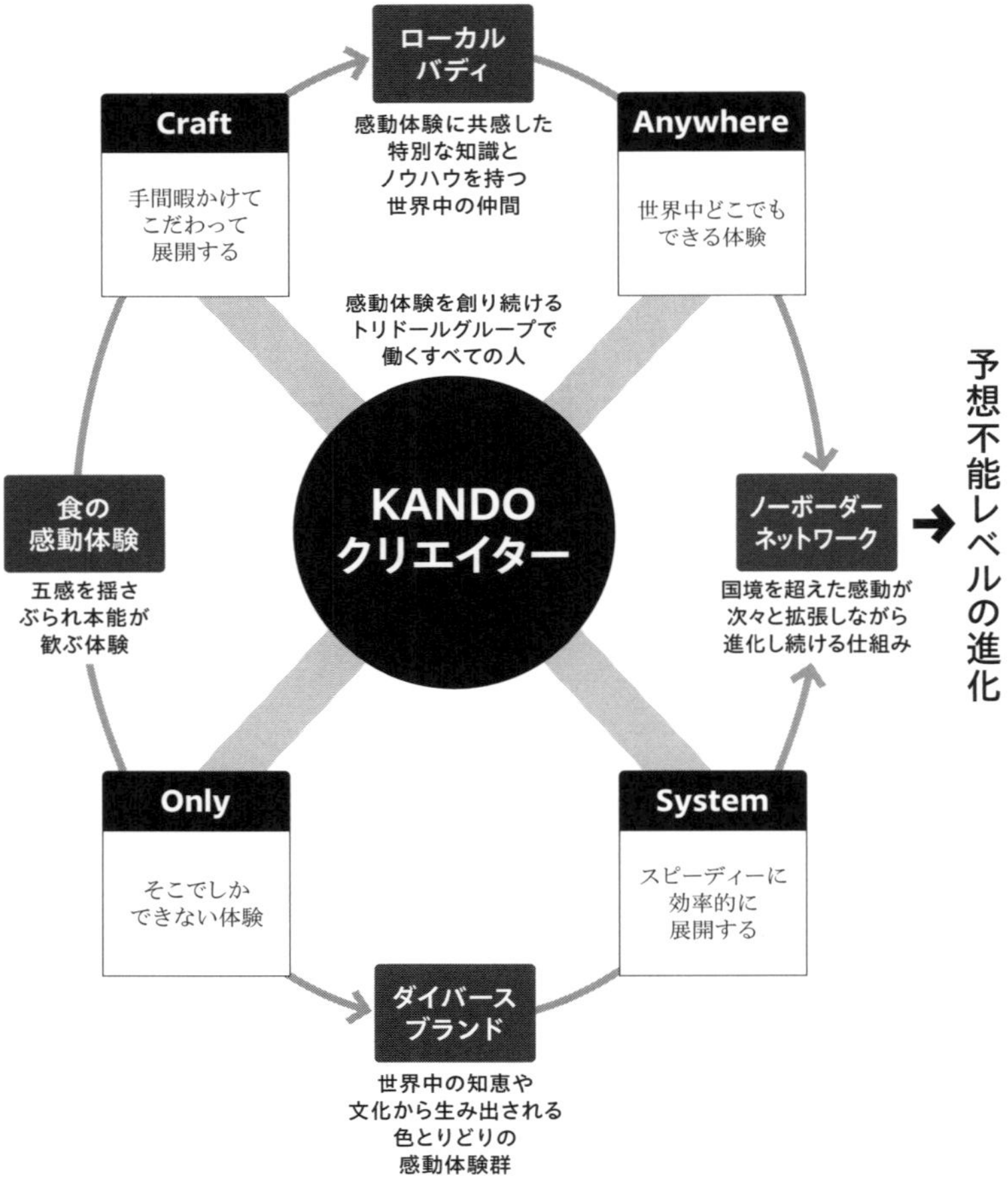

KANDOトレードオン戦略

ます。

トリドールの持つ業態とローカルバディ、それぞれの国や地域が縦横無尽に駆け合わさることでシナジーが大きくなっていきます。一つの例が、日本で展開するトリドールの業態のうち、丸亀製麺以外の業態も海外進出が進んでいることです。天ぷらまきのはすでにシンガポールや香港など海外に8店舗を展開しており、他にも2023年から2024年にかけて海外進出する業態がいくつもあります。

自家製麺が自慢のぼっかけ焼きそば専門店・長田本庄軒は、2023年11月に台湾・台北市の大型ショッピングモールに出店。私もグランドオープンセレモニーに出席するため、台湾に足を運びました。日本式の焼きそばの文化はない台湾でゼロからのチャレンジとなりましたが、オープン初日から大繁盛で一安心しています。

2017年に子会社化した背脂系濃厚とんこつラーメンの「ラー麺ずんどう屋」は、2024年4月、中国の上海に1号店をオープンし、今後いくつかの国へ展開も計画しています。

ラーメンという業態は日本食の中でも人気が高く、世界各地に店があります。競争が激しい業態だと言えるでしょう。しかし、その地域を知り尽くしたローカルバディの目を通して「ずんどう屋なら勝てる」と言わしめたのです。M&Aの時から可能性のある業態だと感じていましたが、その底力が証明されました。

その他、肉のヤマ牛も2024年4月に香港に進出し、今後他の地域にも進出予定です。

10 海外に出るリスクより国内に留まるリスクのほうが大きい

これまで、日本の外食企業の海外進出は鬼門と言われてきました。海外展開を継続的に成功させている日本の外食企業は少なく、世界の誰もが知るような日本の飲食チェーンはまだありません。先にも書いたように同業他社は海外進出に慎重になっていると感じます。

しかし私は、日本経済の停滞やそれに伴う値上げが受け入れられづらい国内の環境、少子高齢化などの社会的な要因を考えると、海外進出のリスクよりも国内だけで事業を完結させるリスクのほうが高い時代だと考えているのです。

「飽くなき成長」を求めるのならなおさら、今後市場が2桁成長する地域もある海外に軸足を持っていたほうがいい。海外展開を加速することで、２０２３年３月期には１８８３億円だった売上高を、２０２８年３月期には４２００億円まで伸ばす計画です。

中長期経営計画を発表した当初は売上目標を３０００億円に設定していたのですが、それから海外企業のＭ＆Ａも行い、４２００億円まではいけると目標を上方修正しました。

国内外合わせてナンバーワンの売上となったハワイ・ワイキキ店は、日本の１店舗の約10倍以上の年間売上があり、サンフランシスコ店も約5倍ほどの売上があります。食材も家賃も高いけれど、日本より価格を高く設定でき、お客様の数も多いため、爆発的な売上が出るのです。

海外店舗数は現在の８６１店から２０２８年３月期で３０００店まで拡大する計画を立てています。各店舗が繁盛店となれば、現地でキャッシュフローがまわる。日本の事業で出た儲けを海外出店にまわすのではなく、海外で稼いだお金で海外の出店を進められるようになっていくのです。これにより、想定よりも遥かに速い出店スピードを実現できます。

今後は、かつて約50店舗を展開していたものの、現在の店舗数はゼロとなった中国本土への進出に再び挑みます。なんといっても魅力的なのは、14億人の人口です。ＧＤＰの伸び率も高く、店が出せれば日本の10倍の速度で店舗数・売上共に伸ばせるのではないかと考えています。

２０２３年時点ではチャイナリスクが高まり、海外から中国への投資は急減しました。中国経済見通しの悪化や米中対立の激化から、「今は中国進出すべきではない」と考える企業が多いのもわかります。

しかし、周りが手控えている今だからこそ、トリドールにとってはチャンスなのです。すでに、グループブランドのタムジャイサムゴー ミーシェンとタムジャイワンナム ミーシェンは中国本土で25店舗以上を展開しています。ノーボーダーネットワークを活かせば、丸亀製麺の進出も成功できると考えています。

あとは、アメリカです。アメリカでヒットする業態になることは、世界に市場を持つことと同義。やはり私はこの市場で勝ちたいのです。外食の世界の揺るぎない王者は今も昔もアメリカであり、市場としても魅力的です。アメリカ経済は世界ナンバーワンでありながらまだ成長しており、人口も増えています。

アメリカはいち早く飲食チェーンが発展した国です。私の考えでは、アメリカは州ごとに条例があり、文化の異なる人が集まってできている国であるがゆえに共通の価値観というものがあまり存在しない。そうした国の特徴と、マニュアルさえあればどこでも再現性が担保されるというチェーンシステムがマッチして、飲食チェーンが成長していったのだと思います。その再現性の高さゆえに、マクドナルドやスターバックスなどアメリカ発の飲食チェーンは、世界中に展開することができたのでしょう。

この外食先進国で、トリドールの業態が誰もが知る飲食チェーンになる。そんな夢を抱いています。

海外事業はここから5倍、10倍と成長し、売上比率で国内を追い抜かす日もそう遠くないと考えています。ハワイで空き物件と出会ったことからスタートした海外進出は、頼もしい仲間を得て、やっと世界の飲食企業と戦える体制が整ってきたところです。

日本発のグローバルフードカンパニーへの挑戦は、まだスタートラインに立ったばかりなのです。

第7章

社長はキャスティング業

目指すは「増殖する組織」

1

大きな目標を達成したいから、すべてを自分で握らない

私は海外展開が本格化してから、ふとした時に「今日もどこかの国でトリドールの店がオープンしているのだ」とはっとすることがあります。世界各地にいるトリドールのグループ企業の社員やローカルバディ、店で働くスタッフの方々が、今この瞬間にも食の感動体験を生み出している。アメーバが増殖するように、トリドールの食の感動体験が世界中を覆って広がっていくようなイメージが頭に浮かぶのです。

現在のトリドールでは、国内外合わせて1年で約250店を出店しています（2023年度実績）。そのすべての意思決定を私が担っているのか。答えはノーです。私が細部まで逐一確認することはできないので、各業態の責任者に任せています。特に海外店舗は、私が判断するよりも現地の経営者に任せたほうが、正確かつスピーディーに出店できます。その後の成功確率も上がるのです。

世界で通用するグローバルフードカンパニーになる、という夢は途方もなく大きいものです。尋常な手段では、目標までの距離を縮められません。私一人でコツコツやっていたら、生きているうちに達成できるかわからない。限りある時間で最大限の跳躍を試みるには、複数人で、複数業態、複数戦略を走らせなければ間に合わないのです。

トリドールをホールディングス化して、業態ごとに事業会社として分社化したのも、こうした考えからです。一人の人間が考える付加価値は一方向になりがちです。複数の人間がそれぞれの付加価値を生み出せば、成長の速度が速まるだけでなく、リスクヘッジにもなります。

例えば、丸亀製麺とコナズ珈琲は客層も戦略もまるで違う業態です。客単価は丸亀製麺が約700円、コナズ珈琲はその約3倍です。来店頻度でいえば月に何回も来てくれるお客様が多い丸亀製麺と、2、3ヶ月に1回のコナズ珈琲では、集客の考え方も変わります。世界観も「製麺所の風情を感じながらセルフうどんを楽しむ」と「一番近いハワイで日常を忘れてくつろぐ」では大きくかけ離れていて、店内に置く椅子の単価から何から大きく違うのです。

コナズ珈琲の椅子を丸亀製麺に置こうとしたら、採算がとれません。しかし、コナズ珈琲はお客様の店内滞在時間が長く、ハワイの民家のような店内で時間を忘れてコナコーヒーとハワイアンフードを楽しんでもらうというコンセプトであるため、インテリアにはお金をかけても良いのです。

こうした複数の業態を私一人で見るとなると、必ずどちらかを優先してしまうでしょう。それぞれのチームが独立して、自分の業態を成長させるために戦略を考えて、それをたゆまず実行しているからこそ、どちらも大きく伸びているのです。

任せているとはいえ、戦略の方向性やある程度の額以上の案件は私が承認しているので、何が起きているかは把握しています。月次報告や経営会議で報告を受け、大筋が間違っていないことが確認できれば、あとは任せるという方針です。

正直に言うと、「すべてをコントロールしたい」「思いのままに動かしたい」という欲求はあります。途中までは、調理に接客、店舗開発、業態開発、人材採用・開発、すべてを自分でやっていたわけですから。創業社長は誰しもそういう気持ちを持っているのではないでしょうか。マイクロマネジメントをしそうになるのを、ぐっとこらえることがあります。

すべて自分でやるというのは、お山の大将になるということです。それはそれで、目の行き届く範囲は全てコントロール下にあり、安心で気分がいいことでしょう。しかし、自分が大将になれる山の高さはたかが知れています。それは、小成に安んずるということ。世界最高峰を目指すのであれば、視野を広げて人の力を借りたほうがいい。

お山の大将になりたいという本能的な欲求がありつつ、最終的には「飽くなき成長」に重きをおいて決断しています。

2 海外の経営者と一緒に会社経営している感覚

海外業態でも同じことが言えます。私がトップダウンで全体の出店計画を決めていたら、どうしてもMarugame Udonの出店を優先してしまいます。それぞれの業態のリーダーが自分たちの業態の強みを十分に理解して、各々の目標を掲げて邁進してくれているからこそ、同時多発的な出店が可能になっているのです。

２０２３年11月に実施した社員向けイベントALL KANDO CREATORS MEETING

には、アメリカ、イギリス、スペイン、シンガポール、中国、台湾、香港、フィリピン、インドネシア、カンボジア、ベトナム、マレーシア、グアムといった国と地域から、総勢約70名の海外リーダーが一堂に会しました。

イベントの中で、グループに入ってくれた海外のブランドの経営者が一言ずつ挨拶する場面がありました。そこでほとんどの人が「ＫＡＮＤＯ」という言葉を使って、自分たちの思いを伝えてくれたのです。単にグループ企業となったのではなく、トリドールと同じビジョンを描き、ミッションを共有してくれている仲間なのだと実感しました。

私は今、この海外の経営者たちと一緒に商売をしているような感覚があります。ブランドについての話を聞くと、「そこまで考えているのか」と学ぶことばかりです。私とは見ているところも経験も違う優秀な経営者が、自分で出店の意思決定をして、そのブランドを成長させていっている。世界の仲間と事業を進めるほうが、成長が速いことを実感しています。

ALL KANDO CREATORS MEETINGは、海外のグループ企業の経営者に日本のトリドールのブランドを知ってもらう機会にもなりました。可能性を感じたら自分の国で展開してもらいたい。こうしたグループ企業の横のつながりができることで、二乗、三乗の成長が可能になると考えています。

今から店舗数を1万店にすると考えたら、足し算、掛け算だけでは及びません。でも、世界の優秀な経営者が情報やベストプラクティスを共有し、アイデアを生み出せば、決して不可能ではなくなるのです。

3 人を頼り、人に任せる「弱者の経営」

成長を急ぎ、未来を先取りしようとするならば、一人ではなくドリームチームをつくるべき。今はそう考えています。採用についての考え方が変わったのは、上場準備の時でした。この時初めて、自分が経験したことがない仕事をする人を採用したからです。

トリドールは今や、売上収益が2320億円、国内外合わせて1950以上の店舗を持つ会社になりました。この実績が資本力と経営力への信頼となり、優秀な人材が集まってくれるようになりました。

例えば、海外事業を管掌している副社長兼COOの杉山孝史。彼はデロイト トーマツコンサルティングに勤めた後、トリドールの「海外に4000店を出す」という無謀とも言える夢に共感して、2019年に入社してくれました。丸亀製麺の海外事業の責任者や海外事業本部でローカルバディの探索やM&Aを担当する経験豊富なメンバーを集めてくれたのです。

初めて行ったハワイで空き物件と運命的な出会いをし、勢いで出店したことから始まった海外進出。私自身は、難破して偶然アメリカに着いたジョン万次郎のようなものです。外国語大学に通っていたけれど、いまだに英語は苦手です。そんな私でも、仲間を集めれば、グローバルフードカンパニーになるという壮大な夢が叶えられるかもしれない。

私自身の力は昔から変わっておらず、さまざまな能力をもつ人材が集まることでトリドールの総合力が増していったのです。

私は、自分が非力であることを実感しています。一人では何もできないからこそ、仲間の知恵を集め、勝ち筋を見出していく。いわば「弱者の経営」というスタイルです。描いている夢に対して自分の力が足りないのは百も承知だからこそ、「力を貸してほしい」と言える。

人を頼り、人に任せられる。この弱者の経営スタイルは、実は一番強いのではないかと考えています。

4 「人」を揃えるため、本社を渋谷に移転

非力な社長がやるべき最も大事な仕事とは何か。それは、キャスティング、つまり人集めです。次のステージを見据え、必要な人を揃えていく。ヒト・モノ・カネでいえば、真っ先に来るのはヒトです。ヒトが揃えば、モノやカネもそれに伴って充実していきます。

トリドールの本社が移転を重ねてきたのも、キャスティングのためです。創業の地である兵庫県・加古川に愛着はありますが、そこには看板役者は来てくれない。というわけで、2007年、加古川から神戸に本社を移転しました。

2011年には海外進出を開始し、さらに専門的な能力を持った人を採用する必要が出てきました。そこで人材紹介会社に依頼をすると、紹介してもらう人がほとんど東京在住なのです。どうしても来てほしい人にオファーを出しても「自分は御社で働きたいけれど、『移住したくない』と家族に反対された」という理由で断られることが続きました。

そこで、「だったら、こちらから行ったろうやないか」と東京本部の設置を決めたのです。２０１５年のことでした。

最初は大崎にオフィスを構え、私を含めた経営企画室や営業本部、管理部門、海外事業推進部などの各部署が東京に引っ越しました。

しかし会社が予想以上のスピードで成長し、人が増えていったため増床を重ね、４ヶ所に分散して働くことになったのです。こうなると、社内のコミュニケーションも取りづらい。そこで、２０１８年2月から東京オフィスの移転統合を検討し、本社機能も神戸から東京に移すことにしました。

世界に通用するグローバルフードカンパニーを目指すなら、日本だけでなく世界中から人や情報が集まりやすい東京・渋谷に本社を構えるべきだ、と考えたのです。

東京に本社を構えるにあたって渋谷を選んだのは、渋谷区の「ちがいを ちからに 変える街」というビジョンに共感したからです。ＩＴベンチャーのオフィスが多く集まる街であるところもよかった。そこにあえて本社を置くことで、飲食業界のイメージを変えたかったのです。

オフィスのデザインも、外食企業のステレオタイプなイメージを一新するものにしたい

渋谷にある本社オフィスのエントランスと執務スペース。

と考えました。オフィスはコーポレートブランドを体現する場だからです。デザインは、私が実際に見ていいと思ったアパレル企業「アダストリア」のオフィスを手掛けたデザイナーに依頼しました。アダストリアは渋谷ヒカリエに本社を置く、渋谷仲間と言える会社です。

新オフィスのテーマは、発信とコミュニケーション。セミナールームを設置するなど、外部の人にも集まってもらい、情報発信ができる環境を整えました。また、会議室の数はあえて減らし、執務スペースでちょっとした打ち合わせができる場を多く作りました。フリーアドレスを採用し、カフェスペースを設けることで社員同士の交流も生まれやすくしています。

社長室は、神戸時代からガラス張りにしています。これもコミュニケーションを促進する目的です。在室かどうかがひと目でわかるほうが、中に入りやすいと考えました。現在も勝手に入ってきて「今いいですか?」と話しかけてくる社員がたくさんいます。そうなると、忙しくてもだめとは言いづらいですが、それくらい気軽なほうがスムーズに話が進むと感じています。

新オフィスの計画を立てる際、コンサルタントがGoogleやAmazonなどさまざまな海外のオフィスの見学を設定してくれました。勢いのあるＩＴ企業はどこも自由闊達な空気感があるように思え、それが創造力の源泉になっているのだろうか、と考えたりもしました。そうした風通しのいい自由な雰囲気は、トリドールのオフィスにもあってほしいと思っています。

オフィスに力を入れるべきか否かは、経営者の考え方によるでしょう。トリドールは、渋谷のオフィスをつくることで、たくさんの方に関心を持っていただけました。飲食企業という枠ではない観点で取材を受けることもあります。

そうした情報に触れた人の中から一人でもトリドールに興味を持ち「この会社で働きたい」と思う方がいたら、オフィス移転の費用の元も取れたと言えるのではないでしょうか。

5 持続可能な社会の中で、持続的に成長していく

加古川に初めて本社をつくった時の社員は10人。現在は、日本のトリドールグループの

社員だけで約１５００人いて、店舗で働くパートナーさんたちも入れると４万人を超えています。人も店舗も爆発的に増え、私は日々会社がふくらんでいくような感覚を覚えています。

海外に丸亀製麺の拠点やグループ企業があり、現地社員の判断でどんどん出店が進んでいく。日本国内も含め、いつもどこかで新しい何かが起き、店やお客様が増えていく。一つが飛び出るのではなく、すべての事業が世界中に広がり、まるで細胞が増殖していくように成長する。トリドールがそんな会社になればいい、と考えています。

会社が大きくなり、国内外の店舗が増えていくにつれ、私は社会への貢献を強く意識するようになりました。グローバルフードカンパニーを目指すということは、世界80億人がお客様になるということ。それを前提に企業としてどうあるべきかが問われているのです。

自分の会社さえ成長できれば、日本経済さえ発展すればそれでいいという考え方では、世界の方々に支持していただけません。トリドールが大きくなればなるほど、独りよがりな商売では成り立たないことを実感します。社会に必要とされていなければ、持続的な事業はできないのです。

基本的に企業は、納税と雇用で社会に貢献していると言えますが、それだけでは足りない。さらにトリドールならではのやり方で、環境問題や社会問題の解決に取り組んでいきたいと考えています。その一つが、多様性の尊重と働きがいのある環境づくりです。

トリドールグループでは障がい者雇用促進のため、２０１６年に特例子会社トリドールＤ＆Ｉを設立しました。ここで行われているトリドールらしい仕事が、うどん桶の修理です。

人気商品である釜揚げうどんに使う桶は、熱い湯に触れている時間が長く傷みやすい。数ヶ月から1年くらいで使えなくなってしまうのが、かねてからの悩みでした。専門家に修繕してもらうとそれなりの金額がかかり、かといって傷んだものを廃棄するのは資源の無駄になってしまいます。

そこで、２０２０年からトリドールＤ＆Ｉのスタッフに修理の技術を習得してもらい、修繕をお願いすることにしました。タガが緩んでいるものは外し、つけ直す。湯漏れがある場合は、箇所を特定してコーティングする。黒ずみは磨き上げて落とす。これで、また桶が使えるようになります。

２０２３年8月には、「桶工房」を加古川に開設。これまでの約2倍の規模でリユースに取り組めるようになりました。桶を廃棄するのではなくリユースすることで、年間廃棄木材を0・7トン削減できており、2028年までには対象店舗を広げて約1・5トンの削減を目標としています。

海外の企業と共に事業を進めていると、海外、特に欧米はダイバーシティの推進が進んでいると感じます。トリドールでは2019年にダイバーシティ推進基本方針を策定し、先述の障がい者雇用促進だけでなく、女性活躍推進や、LGBTQ+などセクシュアル・マイノリティに関する社内研修や勉強会、同性パートナーシップ制度などの取り組みも行っています。セクシュアル・マイノリティへの取り組みを評価する「PRIDE指標」においては、最高評価であるゴールドを2年続けていただくこともできました。

従業員一人ひとりが互いの違いを理解・尊重し合い、個性を発揮することで、新たな発想や価値が生まれる。こうした考えから、ダイバーシティ&インクルージョンをこれからも推進していきます。

6

100年先もトリドールが食の感動を届ける会社でいられるように

地域貢献の取り組みもあります。香川県丸亀市の離島「讃岐広島」の活気を取り戻すプロジェクトを行っています。

トリドールグループと香川県丸亀市の交流は2011年頃から始まり、「讃岐広島活性化支援プロジェクト」は丸亀市にお声がけいただいたことからスタートしました。讃岐広島には現在約160人の方々が暮らしていますが、その多くが65歳以上。人口は年々減り、島の活気も次第になくなってしまいました。

そこで、讃岐広島活性化支援プロジェクト推進リーダーの木村成克が、2022年2月から島に移住し、活性化に関するさまざまなイベントや活動を行っています。木村は、島で小麦を育てるところから始める讃岐広島産のうどんづくりにも挑戦。その様子は2023年のALL KANDO CREATORS MEETINGでも紹介されました。

私自身は丸亀市の文化観光大使を務めており、2022年4月には「共創型地方創生」

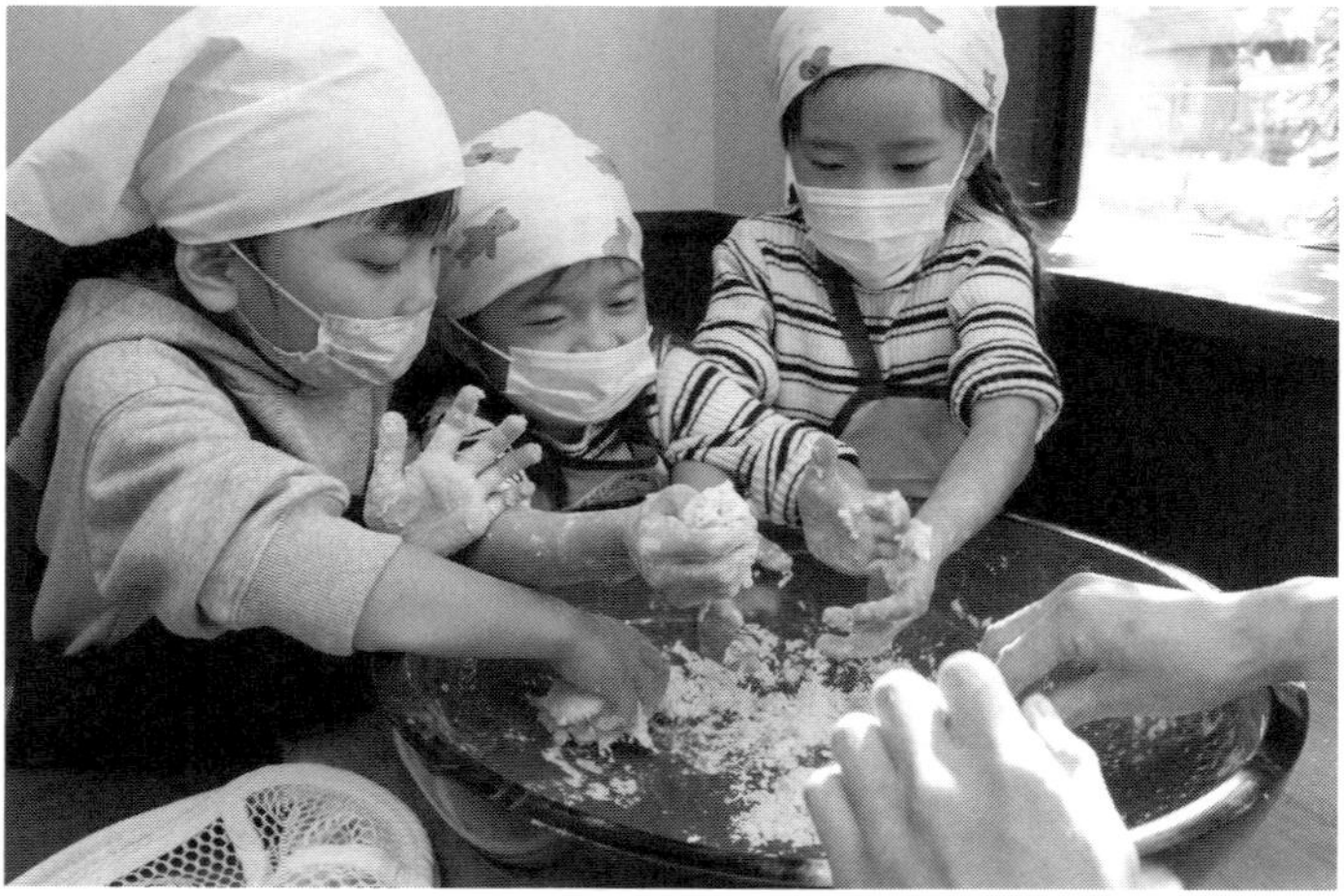

食育の取り組み「丸亀製麺こどもうどん教室」。

というテーマで、トリドールと丸亀市が地域活性化包括連携協定を締結。今後もさまざまな面で、丸亀市の地域活性化を進めていこうとしています。

食育活動による次世代育成にも取り組んでいます。その一つが、子どもたちがうどんを手づくりする体験ができる「丸亀製麺こどもうどん教室」。これは地域各店舗で行う他、出前授業を日本だけでなくカンボジアでも開催しています。

「こどもうどん教室」は無料で参加できるイベントでしたが、あまりに応募が殺到するため一部を有料化。それでも希望者全員に参加していただくことができない状態が続いたので、東京・立川に「手づくり体験教室」という体験特化型の施設をつくりました。ここでは麺職人の制服を着て、うどん、天ぷら、いなりづくりを体験できます。これはトリドールが提供したい「体験価値」の一つであり、自分がつくったうどんを食べる体験は、他にはない食の感動を呼び起こすものだと考えています。

さらに、従業員の家族が参加することで、職場や仕事内容についての理解が深まることも期待できます。私は、トリドールが「家族に自慢できる会社」であってほしい。社会貢献活動には、「うちの会社はこんなことをやっているんだよ」と家族に話し、誇りに思ってもらう効果もあると思っています。

ＢtoＣの企業は、そうでない企業に比べてレピュテーションリスクが高いものです。期待を裏切るような出来事が起こると、一斉に非難されて、評判が地に落ちる可能性がある。しかし、普段から地域や社会に根ざした活動をして、業態だけでなく企業としても好感をもってもらえていれば、何かあった時も応援していただけるのだと思います。

気候変動をはじめとする環境問題への取り組みも進めています。省エネ性能の釜のスタンダード化、食品ロスの回収・飼料化、水使用量の削減、環境配慮型の店舗設計などを行っています。Z世代と話していると、当たり前のようにＳＤＧｓを意識していることに驚かされます。彼ら・彼女らは地球環境の危機を身近に感じているのです。

若者が社会や環境に配慮したものを選ぶ「エシカル消費」を心がけているのは、当然のことでしょう。トリドールも、持続的な社会の実現にコミットすることで、若い世代からも選ばれる企業になりたいと考えています。

人類がこの地球に登場してから今に至るまで、食は人間の進化を促し、文明発展の原動力となってきました。そしてこれから先の未来にも食の感動は必要とされ、追い求める人がいるはずです。私はすでに、自分が亡くなった後のトリドールのことを考えています。持続的な社会の実現は、トリドールが長く続くためにも必要なことなのです。

最近は、自分がいなくなっても発展し続けるよう、トリドールに成長のＤＮＡを埋め込んでいこうとしています。そのＤＮＡとは、「飽くなき成長」を信条とし、謙虚であり続けること。そして、体験価値という強みを磨き続けることです。

１００年、２００年先には今存在しないような業態が、世界を席巻しているのかもしれません。そんなことを考えるとワクワクしてきます。未来の人にも、食の感動を届ける会社でありたい。「食の感動で、この星を満たせ。」。このスローガンが絵空事ではなくなる日が必ず来る。そう信じています。

おわりに

これまでも幾度か出版社からオファーをいただいたことはありましたが、トリドールが事業として完成していない部分が多かったこと、さらに私自身がまだまだ挑戦者であるという意識が強く、経験談を語るには尚早との思いがあり、お断りしてきました。

しかし、2020年に始まったコロナ禍で世の中の価値観が大きく変わり、また食材の高騰やエネルギーコストの高騰、また深刻な人手不足など、私達外食産業を取り巻く環境も激変してきました。

変化の中で、トリドールが長年培ってきた価値観（コンピタンス）が揺らいではいけない。そう危機感を募らせるようになり、2022年にこれまで発展・成長してこられた要因を「成長哲学」としてまとめ、同時にミッション・ビジョン・スローガンを改めて策定しました。

全社員が一同に会するイベントを開催し、会社が大事にしていることを伝えようとプレゼンテーションを行ったものの、そこで気づいたのです。急成長しているトリドールには毎月多くの社員やパートナーさんが入社されていて、年に一度のイベントで話すだけでは周知することができない。継続的に、創業から現在の価値観（コンピタンス）を抱くに至った経緯と体験を伝え続けなければ。そこで「これまでのトリドールの歩みや私が考えていることを書籍にまとめたらどうか」という考えに至ったのです。

原稿に起こしていく過程で過去を振り返ると、若気の至りも多く、とても成功者とは言い難い失敗を繰り返してきたことを痛感しました。特に創業時は、23歳の若さで店のオーナーになれることに有頂天になり、今から考えれば十分な経験もないままの素人丸出しのお粗末な開業だったと言わざるを得ません。閑古鳥が鳴く店で過ごす辛さはいつまでも記憶に残っていて、いまだにその頃の夢を見ることがあります。

しかし、創業期に「どうしたらお客様に来ていただけるか」を死に物狂いで考えたからこそ、手間暇かかってもお客様に来ていただくことが一番大切だという、トリドールの発展を支える価値観が醸成されました。そう思うと、真実を赤裸々に書き伝えることにも意味があるでしょう。

成長期にも幾度となく試練が襲いかかってきました。振り返れば戦略的にも語ることもできるのですが、当時は「打ち手がない」と絶望するような切羽詰まった状況でした。ただ、無我夢中でやっていると、いつも一条の光に照らされるような瞬間が訪れるのです。「災い転じて福となす」を繰り返して、企業としても成長することができました。

これもひとえに自分たちの価値観（コンピタンス）を信じ、手間暇がかかっても感動体験を大切にして、ぶれずに行動してくれた多くの社員とパートナーさんに恵まれたことに尽きます。

私の挑戦はこれで終わるわけではありません。まだ叶えられていない壮大な夢が私の前には広がっています。「食の感動で、この星を満たせ。」というスローガンの通り、世界的な外食企業を目指していく所存です。

これまでは顧客満足を高める感動体験をエンジンとして成長してきました。これからの時代は働く人の幸せを実現することで、さらに大きな成長が可能になると考えています。5年後、10年後に「働く人の幸せが我が社の成長の源泉だった」という内容の書籍が出版できるよう、信じる道を仲間と突き進んでいきます。

今回の出版にあたり、私の創業からの想いを受け止め書籍化に向けて尽力いただき、長期にわたり原稿作成にご協力いただいた宣伝会議の皆様、ライターの崎谷実穂さんに心より感謝申し上げます。

また、インタビューに協力してくれた丸亀製麺の山口社長、南雲執行役員・ＣＭＯには、本書の内容をさらに深めてもらい、改めて感謝します。

読者の皆様も最後まで読んでくださってありがとうございます。私もかつて『成功哲学』などの書籍に感銘を受け、背中を押してもらった経験があります。本書は私の想いの詰まった一冊となりました。ほんの少しであっても、皆様の今後の人生のお役に立てれば幸いです。

２０２４年７月　　栗田貴也

粟田貴也

株式会社トリドールホールディングス
代表取締役社長兼CEO

1961年兵庫県神戸市生まれ。兵庫県立加古川東高等学校卒業、神戸市外国語大学中退。1985年、兵庫県加古川市に焼鳥店「トリドール3番館」を創業。1990年に有限会社トリドールコーポレーション設立。2000年に丸亀製麺の国内1号店を出店。2006年東証マザーズ上場、2008年東証一部上場、2016年株式会社トリドールホールディングスへ商号変更。「食の感動で、この星を満たせ。」をスローガンに掲げ、唯一無二の日本発グローバルフードカンパニーを目指す。

「感動体験」で外食を変える

丸亀製麺を成功させたトリドールの挑戦

発行日 ―――――― 2024年9月6日 初版発行

著　者 ―――――― 粟田貴也
発行人 ―――――― 東彦弥
発行元 ―――――― 株式会社宣伝会議
〒107-8550 東京都港区南青山3-11-13
TEL. 03-3475-3010（代表）
https://www.sendenkaigi.com/

装　丁 ―――――― 野網雄太（野網デザイン事務所）
校正・DTP ―――――― 株式会社鷗来堂
構　成 ―――――― 崎谷実穂
印刷・製本 ―――――― シナノ書籍印刷株式会社

ISBN 978-4-88335-603-4